产业技术创新联盟激励问题研究

Incentive Problems of the Industry Technology Innovation Strategic Alliance

赵明霞 著

科学出版社

北京

内 容 简 介

本书从产业技术创新联盟发展实践出发，对产业技术创新联盟的内涵特质进行深入剖析，并在此基础上探讨如何激励产业技术创新联盟提高运行效率和效果。对内部因素，主要探讨产业技术创新联盟如何通过适当激励来组建一支务实高效的技术创新团队，防范联盟在组建和运行中的机会主义，实现联盟目标。对外部因素，则主要结合案例，探讨政府如何对产业技术创新联盟实行适当的支持和激励。旨在帮助实现产业技术创新联盟的务实高效发展和"国家自主创新能力提升，产业优化升级"的战略目标，并为政府指导、促进产业技术创新联盟的健康发展提供决策依据和借鉴。

本书可供联盟等合作组织成员、企业决策者、政府部门决策参考，亦可供高校、科研机构相关领域学生、教师和科研工作者研读参考。

图书在版编目（CIP）数据

产业技术创新联盟激励问题研究／赵明霞著. —北京：科学出版社，2016.3

ISBN 978-7-03-047530-5

Ⅰ.①产… Ⅱ.①赵… Ⅲ.①产业–技术革新–经济联盟–研究–中国 Ⅳ.①F124.3

中国版本图书馆 CIP 数据核字（2016）第 044342 号

责任编辑：刘　超／责任校对：钟　洋
责任印制：张　伟／封面设计：无极书装

科 学 出 版 社 出版
北京东黄城根北街 16 号
邮政编码：100717
http://www.sciencep.com

北京厚诚则铭印刷科技有限公司 印刷
科学出版社发行　各地新华书店经销

*

2016 年 3 月第 一 版　开本：720×1000　B5
2017 年 2 月第二次印刷　印张：9
字数：250 000

定价：**88.00 元**

（如有印装质量问题，我社负责调换）

前　言

产业技术创新（战略）联盟（the industry technology innovation strategic alliance, ITISA）① 是我国产学研结合实践和探索中产生的一种新型技术创新组织形态，是一次体制和机制的创新，是顺应全球经济结构变化、落实国家自主创新战略、构建国家和区域创新体系的要求、提升产业技术创新能力、核心竞争力的有力措施。2007 年国家开始产业技术创新联盟试点运行。2008 年国家六部委对其进行规范界定。自此，产业技术创新联盟的实践活动开始活跃，各地各级政府都出台了非常优厚的促进政策，全国各地产业技术创新联盟不断涌现。经过几年的密切合作，一些产业技术创新联盟突破了制约产业优化升级的关键、核心技术，技术创新效果显著。

但是，作为中国近年来提出的一种新型技术创新合作组织，产业技术创新联盟的理论和实践研究均处于探索阶段。产业技术创新联盟在实践发展中出现了华而不实、效率低下的问题，严重背离了国家"落实自主创新战略，围绕重点领域和战略产业的共性、关键技术问题，整合产学研优势资源、联合攻关，提升产业技术创新能力和核心竞争力，带动产业优化升级"的初衷。除了联盟共有的组织松散性、暂时性，成员的机会主义倾向等原因外，一些新的不利因素——对产业技术创新联盟内涵的误读和政府对产业技术创新联盟发展的过多干预，在某些方面加剧了问题的严重性。

因此，如何从激励角度探讨解决产业技术创新联盟华而不实、效率低下的发展问题成为本书研究的重点。本书共分五部分包括 6 章进行论述：

第一部分包括第 1 章绪论，首先基于组织生态理论对产业技术创新联盟

---

① 产业技术创新（战略）联盟在文中均简称为产业技术创新联盟。

产生发展的组织生态背景进行剖析，明确产业技术创新联盟在国家、地区技术创新系统中的地位、作用，对产业技术创新联盟在实践发展中存在的问题进行深入剖析，对产业技术创新联盟相关理论研究进行综述，为后文的研究明确方向。并据此提出本研究目的和意义、理论基础、内容和方法、技术路线及研究创新之处。

第二部分包括第2章产业技术创新联盟的激励问题，依据国家六部委对产业技术创新联盟的界定，通过对产业技术创新联盟与其他相关联盟和类似组织进行对比分析，对其内涵、属性、构成、成员关系、风险等特性进行全面分析，以突出产业技术创新联盟激励问题的新特质，为后面的激励研究提供思路和理论依据。

第三部分为产业技术创新联盟内部防机会主义激励机制设计，包括第3章防"逆向选择"激励机制设计和第4章防"道德风险"激励机制设计。针对产业技术创新联盟存在的高管理风险、高技术风险和高机会主义风险特质，基于项目管理理论、博弈论、委托代理理论、团队生产理论、激励机制设计理论等相关理论和方法，借鉴其他联盟研究成果，设计产业技术创新联盟内部防机会主义激励机制，并运用算例对模型进行验证和讨论。其中，第3章运用非合作博弈模型研究产业技术创新联盟组盟阶段防"逆向选择"的激励机制，促使入盟申请者披露自身真实能力并吸引高能力申请者积极入盟；第4章基于合作博弈，构建产业技术创新联盟运行阶段防"道德风险"的相互激励模型，促使盟员积极投入技术创新活动、分享创新知识。

第四部分包括第5章政府对产业技术创新联盟的支持和激励。针对产业技术创新联盟的发展中呈现出的政策化倾向弊端，从产业技术创新联盟的特殊性出发，对政府在不同模式下的产业技术创新联盟以及在联盟生命周期各个阶段中的支持和激励措施进行分析，以促进产业技术创新联盟健康发展。

第五部分包括第6章研究总结和展望。对本研究进行总结，并对未来进一步研究的方向和重点进行展望，以期为本领域研究提供有价值的借鉴。

这五部分构成本研究的主要内容，其中第三部分产业技术创新联盟内部激励机制设计为本书研究的重点和核心内容。

前　言

　　本书有关研究和写作过程得到了山西大学梁嘉骅、张新伟、李常洪、范建平、刘维奇、张信东、李志强、李景峰、相丽玲、贾君枝等老师的宝贵意见，学术讨论组成员对本书研究展开的激烈讨论，激发我对研究问题不断进行深入地探索和思考，本书的编写和出版得到了科学出版社的大力支持和帮助，在此一并深表感谢！

　　本书参考了大量文献，已尽可能在书后列出，在此特向作者们表示诚挚的谢意，向难免遗漏未列的作者们表达歉意！

　　由于作者水平有限，书中不足之处在所难免，敬请读者批评指正！

赵明霞

2015 年 12 月

目　　录

第1章 绪 论

产业技术创新联盟（the industry technology innovation strategic alliance，ITISA）是我国产学研结合实践和探索中产生的一种新型技术创新组织形态，是一次体制和机制的创新。2007 年国家开始产业技术创新联盟试点运行。2008 年国家六部委对其进行规范界定。本书首先基于组织生态理论对产业技术创新联盟产生发展的组织生态背景进行剖析，明确产业技术创新联盟在国家、地区技术创新系统中的地位、作用，对产业技术创新联盟在实践发展中存在的问题进行深入剖析，对产业技术创新联盟相关理论研究进行综述，为后续研究明确方向。并据此提出本书的研究目的和意义、理论基础、内容和方法、技术路线及研究创新之处。

1.1 研 究 背 景

1.1.1 产业技术创新联盟生态环境

德国生物学家 Ernst Haeckel 于 1866 年首先提出：生态学（ecology）是研究生物体在生活过程中与环境相互关系的科学。[1] Michael T. Hannan 和 John Freeman 于 1977 年提出的组织种群生态理论（the population ecology of organizations）首次将生态学理论引入对组织变革的研究。[2]组织生态学（organizational ecology）则在组织种群生态理论的基础上，借鉴生态学、生物学、社会学、新制度经济学、产业经济学等学科理论，研究组织个体的发展、组织之间的相互关系、组织与环境间的相互关系；通过构建组织种群和群落生态演化模型来剖析在长期内组织结构形成的因素。网络组织生态学则重点研究网络组织生成机理；网络组织间的"竞合关系"（co-opetition）对组织竞争性、合法性、成长性的影响；网络组织边界开放性对组织设立、适应和演化的影响等。[3,4]

组织生态学的一条研究主线是研究环境扰动（包括技术变革）对组织设立率、死亡率的影响。[4]另一重要方面是考察组织生态因子（ecological factor，对组织有直接或间接影响的环境要素）对组织生态系统（organizational ecological system，组织与其外部环境通过物质、能量和信息交换而构成的相互作用、相互依赖、共同发展的系统）和组织生态系统中作为生态主体的人的影响。组织受着各种生态因子的影响，并与环境协同进化，以达到对环境的主动适应性和内部的动态稳定。[1]

组织生态环境（organizational ecological environment）是影响组织发展的各种生态因子的总和。[1]影响产业技术创新联盟产生和发展的生态因子主要有经济生态因子、政治生态因子、技术生态因子等，主要表现为以下几个方面。

1. 全球经济结构变化

技术进步和全球化推动全球经济结构发生重大变化。主要表现在市场竞争全球化趋势日益明显，技术创新成为国际竞争中主导成败的关键因素，而技术创新的投入和风险也随之越来越大。[5,6]

一方面，产业分工越来越细，企业专业化程度不断提高，而技术专业化程度越深，技术投资越大。企业发展越来越依赖于整个产业的发展水平和环境，产业共性问题日益突出，而单个企业又缺乏解决产业共性问题的积极性和能力。[5,6]

另一方面，政府更加关注本国产业的国际竞争力，对合作创新可能造成的垄断放松了管制。各国开始重视共享资源、联合研发共性技术（generic technology，应用到大范围产品、工艺中的技术）。以降低创新不确定性带来的技术、成本等风险，形成协同优势。因此，产业内外合作越来越紧密，产、学、研之间的科技创新合作日益重要。[5,6]

2. 国家自主创新战略

自主创新是我国率先提出的一个概念，包括原始创新、集成创新、引进消化吸收再创新，是技术、科技创新的高级阶段，强调通过创新掌握核心技术并拥有自主知识产权。[7]

当前，全球化程度不断提高，国际竞争日趋激烈，各国都在加强以技术创新为核心的战略部署。我国正处于工业化加速发展阶段，而自主创新能力不足是制约我国工业质量和效益发展的一个瓶颈。突出表现为自主知识产权、自有核心技术、世界知名品牌的缺乏。企业创新动力不足、企业研发投入不高、学研机构创新能力远没有发挥、尚未建立起良好的创新文化和创新环境是亟待解决的关键问题。提高自主创新能力是实现产业结构优化升级、转变经济增长方式、提高国际竞争力的基础，也是国家战略的核心问题。为此，2006 年 1 月召开的全国科技大会和 2006 年 2 月 9 日国务院发布的《国家中长期科学和技术发展规划纲要（2006—2020 年)》提出要把提高自主创新能力作为国家战略，到 2020 年我国要进入创新型国家行列的发展目标，造就一批具有国际竞争力的企业，努力变"中国制造"为"中国创造"，大幅提高国家竞争力。[6-8]

市场经济决定了企业是自主创新的主体，创新资源、能力是自主创新的关键要素。加快建设以市场为主导、企业为主体、产学研等多领域合作的技术创新体系，是实现共性技术和重大关键技术突破，加快发展方式转变的重要突破口。[7]

3. 创新体系建设

英国经济学家 Christophe Freeman 于 1987 年首先提出国家创新系统（national innovation system，NIS）的概念。经济合作与发展组织（Organization for Economic Cooperation and Development，OECD）于 1996 年指出，国家创新系统是有关部门和机构间相互作用，推动知识和技术扩散，影响国家创新业绩的组织结构网络。[9,10]

英国学者 Philip Nicholas Cooke 于 1996 年将区域创新系统（regional innovation systems，RIS）定义为：由相互关联与分工的企业、高校、研究机构等构成的区域创新组织体系。2000 年又指出，区域创新系统是指在一定区域范围内，与企业创新投入密切相关的创新网络、行政性制度支撑等安排。创新系统由"主体+网络"构成。其中，创新主体包括企业、学研机构以及金融和商业机构、政府等，企业是创新价值实现的核心，学研机构提供创新人才和知识，金融、商业等机构提供生产性服务，政府构筑创新平台，创新主体间关系构成创新网络。[6,11-13]

美国学者 Henry Etzkowitz 和荷兰学者 Rohit Leydesdoff 在 20 世纪 90 年代提出和发展起来的三螺旋理论（tripler helix）则认为，政府、产业界与学术界（高校和科研院所）是知识经济社会的三大创新要素。它们以市场为导向联结在一起，形成交叉影响、抱成一团螺旋上升的"三重螺旋"关系，为其所在的社会创造价值。它们之间相互依存的合作互动关系决定了区域经济发展的模式及成败。与创新系统理论（NIS、RIS）强调企业主体作用不同，三螺旋理论则强调大学在日益依赖知识的社会创新中的作用不断增强。[14]

4. 产业技术创新

建设创新型国家依赖于技术创新能力的持续提升。而我国技术创新投入不足、产业核心与关键技术对外依存度高、产业内外技术创新结合不够紧密的问题仍然非常严重。而技术创新面对的各种技术、经济问题也愈发复杂，单个企业无法完全依靠自身力量来有效应对。因此，建立以企业为主体、产学研相结合的协同创新体系，加大技术创新投入，突破制约重点领域、战略产业发展的共性和关键技术，加快成果转化和应用，是提升产业整体技术水平和核心竞争力的根本举措。[15]

产业共性技术是产业内企业进行创新活动的"技术平台"，为其他技术提供基础，是产业技术创新体系的重要组成部分，其技术成果可共享并对整个产业或多个产业及其企业产生深度影响。从学术角度研究共性技术的第一位学者 Gregory Tassey 提出，共性技术通常是产业标准的基础，其外部性、风险性、关联性强等特点常常导致企业研发投入不足，要求在研发过程中必须有一定的协同性，更加紧密合作。[16,17]

关键技术是产业发展中属于瓶颈阶段、处于重要地位的技术，影响其他技术的发展，进而影响产业的发展。其特点是瓶颈性、时效性，亦可能会具有共性特征而成为共性技术。[16]

1.1.2 产业技术创新联盟在技术创新中的地位和作用

作为国内近年来提出的一种新型技术创新合作组织，产业技术创新联盟正是顺应全球经济结构变化，落实国家自主创新战略、构建国家和区域创新体系的要求，提升产业技术创新能力、核心竞争力的有力措施。产业技术创新联盟在技术创新中的地位和作用主要体现如下。[13,18]

1）将企业、学研机构、政府有关部门和中介组织有机整合。以企业为主体，整合跨区域、跨产业的技术创新资源向企业集聚，形成合力以提升产业技术创新能力和核心竞争力。

2）通过产学研联合开发，有利于将科研开发与商业生产紧密衔接，促进科技成果快速产业化。

3）围绕国家重点领域、战略产业的关键和共性技术开展合作，优势互补、风险共担、利益共享，运用市场机制带动整个产业的技术创新，有利于推动产业优化升级，提升产业核心竞争力。

4）推动产学研联合培养人才，加强人才的交流互动，有利于促进国家核心竞争力的有效提升。

5）有助于区域性产业集群，加快区域经济增长。

1.1.3 产业技术创新联盟的实践发展

1. 国外相似组织的发展状况

产业技术创新联盟是近年来我国产学研结合实践和探索中提出的一种新型技术创新合作组织形态。国外尚没有这种组织名称和完全符合界定的组织形式（详细分析见 2.1 节）。但类似组织早在 20 世纪 20 年代就已出现，如英国的研究联合体（Research Association）。后来，德国、法国、意大利、日本、美国等国家相继跟进。虽然名称不一，但组织目标都是为实现国家重点产业的关键技术创新，与产业技术创新联盟目标类似。例如，日本的超大规模集成电路技术研究组合（VLSI，1976 年）等；欧洲联合开发亚微米硅技术（JESSI 计划，1989 年）；美国的半导体制造技术联合体（SEMATECH，1987 年）、汽车研究理事会（1992 年）等；韩国的下一代半导体研究开发事业团（1993 年）等；德国的锂质子电池创新联盟（LIB，2007 年）、未来互联网产业技术创新联盟（2008 年）、光伏技术创新联盟（Innovationsallianz，2010 年）等[19-22]。

（1）日本超大规模集成电路技术研究组合（VLSI）

VLSI 是日本为了应对来自美国半导体行业跨国公司的市场威胁，由日本通产省于 1976 年推动组建。成员包括富士通、日立、三菱机电、日本电气、东芝等企业及日本工业技术研究院等。VLSI 投资 720 亿日元，研发新的半导体技术，目标是研究开发和制造高性能芯片，挽救日本的计算机产业。短短 4 年，VLSI 商业秘诀申请数近 347 件、专利或实用新型申请数近 1210 件；存储器实力超过了美国；成功开发了缩小投影型光刻装置这一半导体加工关键设备，从而带动了日本半导体产业的迅速崛起。到 1986 年，世界市场份额接近 50%，超越美国成为世界最大的半导体生产国。[21-23]

（2）美国半导体制造技术联合体（SEMATECH）

面对日本公司在半导体产业的不断扩张和竞争压力，美国联邦于 1987 年资助建立第一个以竞争为目标、以通用半导体技术创新为主的合作研究组织——半导体制造技术联合体（SEMATECH），成员包括国防部和 IBM、AT&T、DEC、Intel、NCR 等美国半导体制造业内 13 家公司。其目标在于研发半导体材料、制造设备及集成系统、搭建新兴技术平台，以促进美国国内半导体设备制造商的发展。运行四年后，SEMATECH 成功重振了美国半导体产业，重新夺回了美国在半导体市场的份额。[22-24]

（3）德国光伏技术创新联盟（Innovationsallianz）

德国光伏技术和创新能力一直居于世界前列，21 世纪初却受到来自其他国家的威胁。2010 年，德国主要光伏企业、大学及相关科研机构在政府推动下，联合成立了光伏技术创新联盟（Innovationsallianz）。旨在整合光伏技术领域资源，通过支持企业主导的联合研发项目和具有高度创新性、应用前景的基础研究项目，促进光伏产业整个价值链加大研发投入，加速创新成果转化，以维护德国在光伏领域的优势。[19,20]

2. 国内产业技术创新联盟的发展

我国产业技术创新联盟的发展可追溯到 1992 年的"产学研工程"。较早前的类似组织有移动通信系统研发战略技术联盟（C3G，1998 年）、中国制造业信息化 ERP 产业技术联盟（2004 年）、中关村下一代互联网产业联盟（IPv6，2005 年）等。[22]

2007 年，我国开始产业技术创新联盟试点工作，新一代煤（能源）化工产业技术创新战略联盟、煤炭开发利用技术创新战略联盟、钢铁可循环流程技术创新战略联盟、农业装备产业技术创新战略联盟成为国家首批试点的产业技术创新联盟启动。2008 年，国家六部委对产业技术创新联盟进行了规范的界定。自此，产业技术创新联盟的实践活动开始活跃，各地各级政府都出台了非常优厚的促进政策，全国各地产业技术创新联盟不断涌现。

经过几年的密切合作，一些产业技术创新联盟突破了制约产业优化升级的关键、核心技术，技术创新效果显著。例如，闪联产业技术创新战略联盟 2012 年发布七项 ISO/IEC 国际标准，开创以联盟为基础的标准制定道路；半导体照明产业技术创新战略联盟 2011 年成立共性技术研发平台"半导体照明联合创新国家重点实验室"，2012 年联盟获科学技术部评估第一名；钢铁可循环流程技术创新战略联盟自主开发了新一代可循环钢铁流程工艺技术，实现了装备与工艺的集成创新，建成了国内首个集产品制造、废弃物利用、能源高效转换三位一体的大型钢铁示范企业；新一代煤（能源）化工产业技术创新战略联盟成功开发出"流化床甲醇制丙烯（FMTP）工业技术"；煤炭开发利用技术创新战略联盟攻克了液压支架的核心技术——电液控制系统，实现液压支架国产化，掌握了具有自主知识产权的煤直接液化核心工艺技术。[25]

　　我国产业技术创新联盟技术创新活动得到了社会广泛的关注和参与，突破了一批关系国计民生的技术难题。但冷静观察和思考后发现，产业技术创新联盟的发展呈现出"华而不实"的乱象，运行效率低下。很多联盟成立多年来未能开展实质性技术创新合作，联盟活动流于形式，甚至一些联盟实质上扮演了行业协会的角色。本书通过网络搜索 2007～2013 年国内产业技术创新联盟的实践活动，进行不完全统计和分析，可看出产业技术创新联盟发展的"乱象"主要表现为以下方面。

　　（1）运动式发展

　　自 2007 年国家试点产业技术创新联盟成立以来，在各地各级政府的大力推动下，产业技术创新联盟的数量急剧增长。从国家到省及直辖市、地市、县等都分别成立了区域内、跨区域的各级各类产业技术创新联盟。通过网络不完全统计，截至 2013 年年底，国内各级各地产业技术创新联盟至少达千家（表 1.1）。

表 1.1　国内各级各地产业技术创新联盟数量估计（2007～2013 年）

联盟等级	数量（家）	联盟等级	数量（家）	联盟等级	数量（家）
国家级试点	≥150	江苏省级	≥40	河南省级	≥20
北京	≥100	云南省级	≥30	江西省级	≥20
四川省级	≥100	湖北省级	≥30	辽宁省级	≥20
山东省级	≥80	浙江省级	≥30	河北省级	≥20
上海	≥60	广西省级	≥30	天津	≥20
广东省级	≥60	黑龙江省级	≥30	重庆	≥20

　　注：数据来源于网络，为不完全统计结果

联盟的运动式发展也表现在形式大于内容上。很多联盟成立时大张旗鼓，大肆宣传。成立后却鲜有实质性合作活动。

（2）重复建设严重

产业技术创新联盟是国家自主创新战略在产业层面的实践活动。为了促进产业技术创新，应集全国之力，对本领域内技术创新实力较强的产学研机构进行整合，合作攻关，实现产业技术创新目标。然而，现实中却存在普遍的重复建设现象，通过网络不完全调查，在风电、半导体照明、中药、医疗器械等热门领域，几乎各级各地区都建立了产业技术创新联盟。轨道交通、新型汽车等也是产业技术创新联盟集中的领域。这些低水平重复建设，是对资源的严重浪费和内耗。

（3）联盟规模过大

研究表明，团队的生产效率受到团队规模的影响。合作伙伴越多，机会主义的诱因越大。联盟规模过大会带来管理的复杂和难度，影响联盟运行效率和稳定性。[26] 而反观国内的产业技术创新联盟，联盟成员数目绝大多数在20家以上，超过50家成员以上的"巨无霸"也屡见不鲜（表1.2）。

表 1.2 产业技术创新联盟规模

产业技术创新联盟名称	联盟成员数量（家）	产业技术创新联盟名称	联盟成员数量（家）
中兽药	≥122	安徽名特水产	≥60
生猪	≥118	住宅科技	≥60
TD（SCDMA）	≥84	中国医疗器械	≥59
长风开放标准平台软件	≥83	电子贸易	≥57
太阳能光热	≥77	冷水鱼	≥57
光纤接入	≥76	中国再生资源	≥56
四川省磁性材料及器件	≥74	黄河三角洲可持续发展	≥56
辽宁省金属现代服务业	≥73	黑龙江省医药	≥55
氨基酸	≥66	中国低碳	≥53
辽宁省生物医药	≥61	四川省白酒	≥52

注：数据来源于网络，为不完全统计结果

其他大型联盟如国家轨道交通产业技术创新联盟成员至少50家，四川省生物医学植入材料产业产学研创新联盟成员至少 50 家，河北山区枣产业技术创新联盟成员至少 50 家，青海省（海西）卫星导航产业技术创新战略联盟成员至少 50 家。

（4）产业内部划分过细

国家六部委提出，建立产业技术创新联盟是要针对产业的共性、关键技术问题联合攻关和创新。而纵观国内各类产业技术创新联盟实践发现，产业内部划分过细的问题普遍存在，导致一些共性技术的重复开发。例如：农产品内部分别有调理食品、畜禽良种、肉类加工、优质禽业、速冻肉类食品、乳业、兔、鹿业、肉羊、生猪、蛋鸡、冷水鱼、海参、河蟹、名特水产、紫菜、蓝莓、桃、猕猴桃、苹果、柑橘、枣、葡萄、小浆果、川菜、蔬菜、大蒜、葱、泡菜、银耳、人参、芦笋、马铃薯、燕麦、玉米、茶、咖啡、蔗糖、小麦、水稻、杂交水稻、高产优质杂交稻、食用菌、食用植物油、油橄榄、食用油生物制造、农作物种业、特色农产品、杂交粳稻育种及两系杂交稻现代繁种、果蔬加工、大豆加工、柑橘加工、油菜加工、杂粮、醋、功能食品、高原特色绿色食品等 58 种以上产业技术创新联盟。

制药业内部分别有天然药物、藏药、新药、中药、中药饮片及提取物、中兽药、化学药、生物药、民族药、抗生素、抗体药物、抗肿瘤药物、通用名药物品种、三七、干细胞与再生医学、传染病诊断试剂、生物疫苗与诊断试剂等 17 种以上产业技术创新联盟。

3. 国内产业技术创新联盟发展问题剖析

产业技术创新联盟"华而不实"、效率低下的发展态势，严重背离了国家"落实自主创新战略，围绕重点领域和战略产业的共性、关键技术问题，整合产学研优势资源、联合攻关，提升产业技术创新能力和核心竞争力，带动产业优化升级"的初衷。

联盟作为一种组织之间的合作形式，组织的松散性、暂时性，成员的机会主义倾向等因素，都会造成联盟的复杂性和高风险性，导致一些联盟有名无实、运行低效甚至失败。产业技术创新联盟也不例外地会面临这些问题和风险。此外，产业技术创新联盟作为一种近年来新出现的联盟形式，在其产生和发展中亦出现了一些新的不利因素，加剧了问题的严重性。具体而言，主要有以下方面。

（1）对产业技术创新联盟内涵的误读

国内对于产业技术创新联盟含义的理解，大多采纳了国家六部委 2008 年的界定（详见 2.1.1 节）。而对于产业技术创新联盟的特征，特别是其有别于其他合作组织的特殊性认识不够。

联盟的显著特点之一即目标的明确性。联盟因目标而组建，联盟成员因目标而加入并付诸努力，实现目标后共享成果并解散。产业技术创新联盟以《国家中长期科学和技术发展规划纲要（2006—2020 年）》确定的重点领域、战略产业的重大技术创新需求为导向，重点解决产业发展的共性和关键技术问题；以提升产业技术创新能力和核心竞争力，促进产业优化升级为目标；是国家创新体系在产业层面的推进，经济社会综合效益更加显著。[18,27]

实践中很多产业技术创新联盟却目标模糊、定位不清。抓不住重点、大而全的发展理念导致联盟运动式发展和重复建设严重。联盟涉及的产业领域、技术创新问题不断泛化，可谓四面开花。此外，目标模糊、定位不清也表现在一些产业技术创新联盟在成立之初，甚至至今也不明确要进行何种技术创新活动，导致联盟成员选择和联盟活动带有盲目性，联盟成员合作的意愿也不够强烈，机会主义盛行，联盟效率不高甚至形式大于内容。一些产业技术创新联盟甚至演变成了行业协会。这是对产业技术创新联盟内涵的严重误读。

（2）政府对产业技术创新联盟发展的过多干预

虽然各级政府、各类产业技术创新联盟均强调要以市场为导向来组建和发展。但在实际运作中，政府的力量显然占了主导作用。上至国家下到地方，各级政府都针对产业技术创新联盟在人才培养、资金筹措、项目审批、技术认定、科技服务、产品销售等方面提供了特殊优惠政策。政府的积极推动对产学研各界产生了巨大的吸引力，响应政府号召、获取政策支持、好大喜功是许多单位组建、参与产业技术创新联盟和大力宣传的原始动机。

此外，一些地区政府对产业技术创新联盟的优惠政策之间存在差异，地方保护主义色彩浓重。例如，北京市就明确规定产业技术创新联盟的发起单位及主要成员单位应为北京市行政区域内注册的具有独立法人资格的机构。虽然江西省对参与技术创新的省外科技人员同等优惠待遇，但政策的落实也会受到其他相关地区各类政策的限制。地方利益割据、没有全局观念和统一的战略部署是主因。这些因素在客观上限制了创新资源的跨区域整合，导致很多重复建设，严重背离了国家发展产业技术创新联盟的初衷。

产业技术创新联盟的发展呈现出政策化倾向而非市场化行为，其弊端是显而易见的。也在一定程度上提升了联盟成员"逆向选择""道德风险"的机会主义倾向。导致联盟过多、过大，运作中重宣传轻实践，华而不实、效率低下。

1.2   文 献 综 述

产业技术创新联盟是 2007 年以来我国提出的一种新型技术创新合作组织形态，国外目前尚没有这种组织名称和完全符合界定的组织形式，国内对其理论研究也是 2007 年以来才有。2007 年，李新男率先从国内"产学研合作"现状及问题、国际产学研合作发展趋势出发，从基本内涵、原则与措施等方面，对产业技术创新联盟的构建提出了设想和思路。[28]之后的学术研究主要从产业技术创新联盟的一般概念、运作模式、政府角色定位及联盟管理问题等角度开展了初步的理论探讨，针对产业技术创新联盟的激励研究则几乎空白。本书主要对其他联盟激励研究成果进行综述。

1.2.1   产业技术创新联盟内涵研究

对于产业技术创新联盟的含义，国内大多理论研究采纳了国家六部委 2008 年的界定。对产业技术创新联盟特征的理解主要有：以产业利益为出发点，目标是产业技术创新，涉及技术创新全过程的合作；体现政府的意志和国家的战略；参与主体跨产学研各界，主体之间是一种契约关系，依存度很高但合作自由化，且企业发挥主导作用。[28-30]

一些研究将国外的类似组织，如英国的"研究联合体"、美国的"合作研究"、德国的"创新联盟"、日本的"技术研究组合"等，也称为产业技术创新联盟。例如，德国的"创新联盟"指政府全方位支持、面向市场，由价值链各环节的企业、研发机构、中介和支撑机构结成的网状整体技术创新联合体。日本的"技术研究组合"是由政府和企业共同出资、企业和研究机构共同出人组建，从事基础和共性技术研究，研究目标实现后便解散的非永久性科研组织。[20,22-24]

1.2.2 联盟中的机会主义研究

1. 联盟中机会主义的后果

联盟作为一种组织之间的合作形式，对创新具有重要意义，可加速产品开发、降低成本、取得竞争优势，甚至成为市场增长或获利的发动机。[31,32]但联盟的发展也并非尽如人意，其失败率甚至高达60% ~ 70%，伙伴的机会主义是主要威胁之一。[33,34]联盟在组建和运行过程中，一直面临成员的高机会主义风险。机会主义使联盟成员间交易成本增加，难以相互信任，从而降低合作意愿，损害伙伴间承诺，严重破坏合作基础，打击成员积极性，影响联盟绩效，导致联盟的不稳定甚至失败。[32,35,36]

2. 联盟中机会主义的表现

联盟中机会主义的表现形式呈现多样性。Dickson 等于 2006 年指出研发联盟内的中小企业在创新过程中，需要平衡资源获取和伙伴潜在机会主义行为的挑战。[36]Das 等认为在联盟内，注重促进型监管的成员对机会主义的容忍度要高于注重防范型监管的成员，且对潜在机会主义的敏感度更低。[37]在联盟发展的不同阶段，机会主义的表现亦有差别。在联盟组建阶段主要表现为"逆向选择"（adverse selection），在联盟运行中主要表现为"道德风险"（moral hazard）和"搭便车"（hitchhike）、"敲竹杠"（hold-up）、"短期化"（termism）等。[38,39]

3. 联盟中机会主义的原因

Oliver E. Williamson 于 1996 年指出，机会主义是指在交易中缺乏真诚或诚实的自我利益寻求，其欺诈性包含非真实的信息和不可信承诺。因人的逐利本性，在交易中机会主义不可避免。而信息不对称和人的有限理性又给机会主义提供了生存空间。[40]

联盟中机会主义产生的具体原因有多个方面，有成员追求自利和有限理性的原因，有成员间文化、利益、联盟动机的差异等原因，有联盟自身的暂时性、不确定性原因，有联盟中信息不对称、信息不完全、契约不完全、监督和管理机制不完善、行为结果难于评价的原因，也有联盟外部环境急剧变化带来的风险。[32,34,37,41,42] Das 等于 2010 年将机会主义决定因素分为三类：经济因素（股份、非对称联盟专用性投资、相互抵押、报酬不公）、关系因素（文化多样性、目标不相容）和时序因素（联盟界限、急功近利的压力）。[43]

4. 联盟中机会主义的防范和治理

针对联盟成员的机会主义行为，可通过联盟完善的契约、监督和激励机制、资格审查程序、伙伴选择机制、产权保护制度，也可借助成员之间的合作意愿、信任、交流、商业友谊、可置信的承诺甚至威胁，或利用成员的声誉期望等多种途径和手段加以防范或减少其损失。[35,42,44-47] 董广茂等于 2006 年则提出结合成员之间资源互补性和学习能力的治理机制可有效防范学习联盟中的机会主义。[48] Carson 等于 2006 年通过实证研究得出，关系契约对波动机会主义有效，而正式契约则对模糊机会主义有效。[49] 而代建生于 2008 年主张有效的激励机制是解决联盟"道德风险"问题的最主要方式。[39]

1.2.3 联盟中防机会主义的激励研究

1996 年，James A. Mirrlees 由于对不对称信息下激励理论的开创性研究及其重要影响而获诺贝尔经济学奖。信息不对称下的代理人最优分担原则应满足由 Mirrlees 提出、Holmstrom 进一步解释的 Mirrlees-Holmstrom 条件。[50] 联盟的激励问题就是在不对称信息下的激励问题。如何激励成员披露自己的真实信息、积极投入合作活动、在合作中主动与其他成员分享知识和信息，成为联盟成立以来防范成员机会主义行为必须解决的激励问题。

祁红梅等于 2004 年提出了基于契约、利益和信任的激励框架。[51] 张坚则认为绩效是联盟激励机制的中心，技术、文化、人力和组织资源则构成激励机制的基础资源系统，提出通过熵流控制机制、竞争协同机制的相互作用，形成良性互动的有效激励网络。[52] 其他研究则针对联盟中的一些具体问题展开。依据联盟生命周期阶段，其防机会主义激励问题的研究主要可归结如下。

1. 联盟组建阶段防"逆向选择"的激励研究

机会主义在联盟组盟阶段主要表现为"逆向选择"——由于信息不对称所导致的联盟伙伴选择时隐瞒真实能力、"劣币驱逐良币"等危害联盟成功的机会主义行为。逆向选择是在签订委托代理合同前常见的隐蔽信息现象，它导致了市场失灵和低效率。最初由 George A. Akerlof 于 1970 年对美国二手车市场的分析（柠檬市场模型）中提出并探讨。之后的经典研究有 Rothschild 和 Stiglitz 的保险市场研究、Stiglitz 和 Weiss 的信贷市场研究等。[53,54]

如何激励成员披露自己的真实信息，防止"逆向选择"，成为联盟伙伴选择的关键，而伙伴选择是否恰当又成为联盟成功与否的关键。[55]现有文献中，对联盟如何进行伙伴选择及"逆向选择"治理的研究很多，但针对伙伴"逆向选择"的激励研究却并不多见。有研究认为，盟员信息隐瞒的概率不会随合格标准的提高而降低，却会随盟主对其信任程度的提高而迅速提高。针对不同风险偏好的成员，应采取不同的激励措施，对于风险中性的成员，可通过一个包含激励和惩罚的评分规则，使被评者只有在如实反映自身信息时，才能得到最高评价；对于风险厌恶型盟友，可利用包含不同努力补偿金、风险补偿金和信息租金的不同合同来激励其显示真实类型，因为有效的盟友比无效盟友更乐于选择高强度激励、低固定补偿的合同和风险较小的项目。[38,56]McAfee 等于 1991 年提出了一个结合不同产出分享比例和基本薪资的报酬组合来激励成员披露自身的真实能力。[57]孟卫东等于 2011 年则提出了一个结合利润分配和技术分享的分配机制，来激励成员披露真实信息。[58]

2. 联盟运行阶段防"道德风险"的激励研究

机会主义在联盟运行阶段则主要表现为"道德风险"——签订契约之后，在信息不对称下，联盟成员利用私人信息优势，为满足私利而减少要素投入、提供劣质服务等会损害合作伙伴利益的投机风险。道德风险是代理人在使自身效用最大化的过程中，损害委托人或其他代理人的效用。实际上是经济人在签订委托代理合同后对自身隐蔽信息的理性反应，也同样会导致市场低效。最早的正式模型由 Zeckhauser 讨论保单时提出。道德风险在合作中普遍客观存在，易导致联盟不稳定、低效甚至失败。而有效的激励机制是解决联盟"道德风险"问题的最主要方式。[39,59,60]

联盟的产出与成员的投入和努力程度有关，如何正确激励以确保关键技术被投入是联盟激励问题研究的重点。[61,62]有学者进一步认为联盟的效率和成功，关键依赖于联盟成员是否愿意共享关键技术，而团队成员往往出于自身利益，并不情愿与其他成员共享知识。[63]蒋樟生于 2011 年亦认为产业技术创新联盟稳定性与联盟成员从知识转移过程中所获得的价值存在正向激励作用。[64]因此，在联盟运行阶段，为防范成员的"道德风险"，重点在于如何激励成员积极投入资源和联盟活动、积极主动地与其他成员分享知识和信息。有学者指出，长期合约可能比短期合约更有利于激励合作伙伴提高努力水平。[65]通过交流、沟通、宽松知识产权政策等增大联盟伙伴间的溢出效应也有利于鼓励联盟成员增大投入和共享知识。[66-68]而与单边控制、共享控制模式相比，具有双边否决权的共同控制所有权模式，被认为是能同时激励双方选择较大投入和披露隐性知识的唯一产权模式。[69,70]本书主要从利益分配角度开展讨论。

联盟中，不同的分配理念会导致不同的利益分配方式，不同的利益分配方式又可能导致不同的结果，即使其他因素是完全相同的。例如，平均分配收益体现了平等主义思想，也是谈判力较小的成员期望的结果；功利解是功利主义主导下的结果；独裁解则是拥有完全谈判力的成员理想的分配方式；Nash 解、K-S 解兼顾了效率和公平；Shapley-value 则考虑了贡献与收益的匹配。[39]Hoffmann 等于 2001 年认为利益分配是否合理对联盟稳定性尤为重要。[71]代建生于 2008 年进一步认为分配问题也是一个激励问题。[39]高能力成员会被高分享比例的报酬诱导并更加努力工作。[57]

对于利益分配方式，一般研究均认为联盟平分收益的分配方式易导致投机行为，会降低高技能者的工作积极性，从而影响团队工作效率。[72,73]马亚男于 2008 年亦认为，产出分享激励方式相对固定支付分配模式是占优的分配模式，且提高风险收益率可提高成员的研发投入和知识共享。[74]Adam 于 2006 年认为，利益分享可激励投入互补的团队成员。[75]常涛等于 2008 年亦认为团队利益共享计划可以实现团队与成员的共赢。另外，通过加强协作关系、提高激励系数、降低共享知识成本，可提高成员知识共享努力。[76]张玲玲等于 2009 年则提出根据团队成员在知识共享、转移中的重要性来分配剩余进行激励。[77]

也有学者结合外部环境来探讨不同利益分配方式的激励效率。[78]有些学者则进一步研究联盟成员投入如何受到利益分配方式以及市场回报率、联盟模式、技术风险等内外部因素的多重影响。Amaldoss 等于 2000 年认为，并行研发联盟成员投入低于集中研发联盟；在并行研发联盟中，产出分享比例比平分收益更能促进投入；在合作研发联盟中，市场回报高时分配方式不会影响成员投入；[79]Amir 等于 2008 年发现，存在投资溢出时集中研发联盟成员的投资意愿高于并行研发，成果溢出时反之；[80]范波于 2010 年则认为在集中研发联盟中，市场回报高时简单易行的平均分配方式即可实现激励效果，市场回报低时按投入比例分配方式更能促进投入；[81]黄波等于 2010 年认为，任意技术风险水平下，高市场收益都可提高联盟成员的研发投入，按投入比例分配方式都可激励联盟成员增大研发投入；技术风险较低时，集中研发联盟成员的期望投入更高；技术风险较高时，并行研发联盟下更高。[82]此外，杨东等于 2006 年、卢纪华等于 2003 年认为，成员的最优努力水平与分配比例成正比，且与联盟绩效测量方差负相关，与关键技术投入敏感系数正相关。[62,83]而盟员知识共享的努力程度除与其风险报酬率正相关外，还与其他合作伙伴的知识转化能力、知识可共享度正相关，与共享知识时的潜在风险程度负相关。[74,84]

代建生于 2008 年和 2010 年则提出，联盟中的激励问题并非全是盟主对成员的单方激励，也有成员之间的相互激励，并引入团队福利函数来探讨团队生产中的相互激励问题。[39,85]Itoh 于 1991 年则证明，如果团队成员自己工作的努力成本与帮助同伴的努力成本相互独立，且工作互补，那么通过激励机制诱使团队工作总是最优的。[86]Holmstrom 于 1982 年提出，引入一个打破预算平衡、榨取团队剩余的委托人是解决团队"道德风险"问题的有效途径。[87]Eswaran 等于 1984 年进一步研究发现，打破预算平衡却无法解决委托人的道德风险。[88]Malcomson 于 1984 年则提出，类似锦标制度的激励可能是解决委托人道德风险的一个有效方法。[89]吴宪华于 2001 年研究发现，在产出分享合同中，使机会成本较低或效率较高的伙伴占较高的分配份额，且结合团体惩罚机制，可有效应对联盟中的双向道德风险。[90]

1.2.4　政府对产业技术创新联盟的支持和激励研究

技术创新收益具有非独占性特点和技术溢出效应，甚至其社会效益高于私人效益，而依赖创新资源不断融合的技术创新过程又充满了不确定性，诸多因素导致技术创新活动出现"市场失灵"，为政府干预提供了理论依据。[91,92]20 世纪 90 年代中后期开始流行的"三螺旋理论"亦指出，作为制度创新主体的政府，是产学研结合进行技术创新的根本保证。[14]各国政府逐渐更深入、更广泛地参与到技术创新的过程中。但对政府支持政策的作用却一直存在争议。

一些研究认为，通过从宏观上制定积极的政策措施，可激励企业技术创新，并提高社会福利。[93,94]政府直接投资、补贴、税收优惠、知识产权保护、技术采购等支持政策对技术创新有正向激励作用，亦可引导和促进创新投资优化。[95-98]政府补贴对企业创新投入刺激的乘数效应为 2.3，且对研发活动有长期正效应。[99,100]税收减免 10% 可使研发投入提高 1%（短期）至 10%（长期）。[101]此外，政府通过积极扶植创新可以促进社会创新文化的形成，良好的创新文化氛围又可不断激励组织创新。[102]

政府的积极支持对联盟机会主义行为也有辅助防范作用。刘和东于 2009 年提出，可引入地方政府实施竞争性团体奖励来有效治理机会主义行为。[103]胡冬云于 2010 年指出，利用自身公信力，政府可以帮助联盟成员建立信任关系，有效防范机会主义。[104]邢乐斌等于 2011 年运用演化博弈分析得出，政府通过对企业合作溢出收益损失进行补贴，可减少机会主义行为，提高联盟整体收益。[105]

另一些学者则对政府支持政策对技术创新的作用持怀疑态度，认为政府支持政策对技术创新并不总是有效的。[106]政府的事前补贴并不能激励研发努力程度的提高。[107]政府补贴会促进"远离市场"的创新研发投资增加，而"贴近市场"的创新研发投资却反而减少了。[108]政府选择性资助对企业创新投入产生了挤出效应，[109]甚至诱导企业释放虚假信号骗取支持。[110]政府支持政策也未能促进，甚至阻碍了技术创新效率的提高。[111]

针对学术界的争议，一些学者重在对不同支持政策的运作机理及使用范围开展深入研究。Hall 于 1993 年认为，当企业创新能力较弱，创新风险较大时，政府补贴可帮助降低联盟创新的不确定性，增强创新盈利的可能性。[112]Marceau 于 2002 年实证研究了财政政策及相关方法的局限性，并提出了相应的建议。[113]Petra 于 2005 年提出，专利制度之所以能够激励技术创新投入，是源于产权给技术创新者带来的经济利益。[114]Lerner 于 2002 年、文家春等于 2009 年通过专利政策对技术创新影响机理的分析，得出专利运行方式是其中间变量。一方面，政府专利费资助政策通过激励专利产出来激励技术创新，通过有选择的资助导向调整专利结构来引导技术创新方向；另一方面，过度关注专利产出数量或资助额过高都会破坏专利制度的正常功能，导致专利过多过滥或技术创新资源的不合理配置，反而阻碍了技术创新。[115,116]孟卫军等于 2010 年研究了政府补贴与合作企业间不同的博弈关系的匹配问题，认为增加政府补贴可增加企业研发投入和利润，但政府补贴在自主合作程度越高的企业间发挥的作用越弱，且应避免补贴直接取代创新投入。[117]肖迪等于2010年对政府不同技术采购模式的适用范围进行了对比分析。[98]还有一些学者研究认为，政府政策激励手段应与联盟投资溢出效应、技术风险相匹配。生延超于2008年研究发现，宽松知识产权政策下，企业创新投入与溢出效应达到良性循环，创新产品补贴方式比创新投入补贴方式更为有效。[68]范波等于2010年研究认为，产品补贴方式在投资溢出效应较小、技术风险较大时，有利于激励研发投入并提高社会福利；研发投入补贴方式则反之。[81]张春祥等于2011年则比较了产品补贴和投入补贴对创新模式选择的影响。[118]

关于政府对产业技术创新联盟的支持和激励研究，主要是总结了德国、美国、日本等国政府在类似组织中的行为模式和发挥的作用。指出美国、日本、德国等发达国家政府主要通过国家高技术战略、法律制度（如严格立法将政府支持制度化）、公共财政政策（专款、税收优惠等）、专项计划（支持中小企业技术创新联盟计划、精英团体计划等）、平台建设（技术创新联盟网站等畅通科技信息交流通道）、推进中介机构建设等方式大力推进产业共性技术联合科研攻关，支持产业技术创新联盟的发展。并在借鉴国外成功经验的基础上探讨中国政府在产业技术创新联盟中的作用及行为模式。提出我国政府应确立为联盟合作服务的观念，完善产业技术创新联盟相关的科技发展规划（促进科技机构完善和发展、健全科技评价机制、健全知识产权战略体系）、政策法规（投融资等）、技术信息网络、中介服务、联盟管理（如设立专门的产业技术创新联盟管理机构、监督利益分配机制的执行）等。[20,22-24]

此外，李煜华等于2014年指出，政府对新兴产业技术创新联盟的激励应结合联盟发展不同阶段的特点开展，在联盟成立初期，成员合作意向强烈，政府通过适当财政补贴可激励成员积极投入技术创新活动；在联盟发展阶段，各类负面因素逐渐显现、集聚，联盟对良好环境的需求更为迫切，政府应顺应需求，主要通过完善政策构建完善技术创新环境来降低联盟创新成本，并可通过财税政策激励联盟积极投入市场化运作。政府的作用重在促进联盟内外交流、营造良好外部环境，同时加大知识产权保护，促进技术溢出。[119]

总体而言，产业技术创新联盟的理论研究多为概念性或定性研究，且很多研究模仿其他类型联盟已有的研究方式和方法，真正针对产业技术创新联盟特质进行的研究较少或较为粗浅。例如，对产业技术创新联盟内涵特征的把握过于泛化，对其重点解决战略产业共性、关键技术问题，从战略高度构建国家、区域自主创新体系，强调经济社会综合效益等特性关注不够。针对产业技术创新联盟特质的激励研究几乎空白，现有联盟激励研究中防"逆向选择"的激励研究并不多见，防"道德风险"的激励研究则主要针对盟主–成员型联盟进行的单向激励研究，且大多采用非合作博弈模型研究两个成员之间的博弈，针对联盟的合作博弈、多方博弈和双向激励研究较少。政府对产业技术创新联盟的支持和激励研究多为借鉴国外成功经验后的理论、定性分析，给出的结论和建议较为宽泛。

1.3 研究目的及意义

作为中国近年来提出的一种新型技术创新合作组织，产业技术创新联盟的理论和实践研究均处于探索阶段。产业技术创新联盟在实践发展中出现了华而不实、效率低下的问题，严重背离了国家"落实自主创新战略，围绕重点领域和战略产业的共性、关键技术问题，整合产学研优势资源、联合攻关，提升产业技术创新能力和核心竞争力，带动产业优化升级"的初衷。除了联盟共有的组织松散性、暂时性，成员的机会主义倾向等原因外，产业技术创新联盟在其组建和发展中一些新的不利因素——对产业技术创新联盟内涵的误读和政府对产业技术创新联盟发展的过多干预，在某些方面加剧了问题的严重性。而对产业技术创新联盟的理论研究又多为概念性或定性研究，且很多研究模仿其他类型联盟的已有研究方式和方法，真正针对产业技术创新联盟特质进行的研究较少或较为粗浅，针对产业技术创新联盟特质的激励研究则几乎空白。

因此，如何从激励角度探讨解决产业技术创新联盟华而不实、效率低下的发展问题成为本书研究的重点。本书拟从产业技术创新联盟发展实践出发，对产业技术创新联盟的内涵特质进行全面剖析，并在此基础上探讨如何激励产业技术创新联盟提高运行效率和效果。

本书的研究具有理论和现实指导意义。研究结论有助于帮助实现产业技术创新联盟的务实高效发展和"国家自主创新能力提升，产业优化升级"的战略目标，并可为政府指导、促进产业技术创新联盟的健康发展提供决策依据和借鉴。

1.4　相关理论基础

产业技术创新联盟是由产业内外，产学研政金等相关机构组成的近似"平等型联盟"，是一种基于契约的合伙型工作团队。联盟内成员之间存在信息的不对称和利益的不一致，存在委托代理关系。在组盟阶段，组织者为委托人，入盟申请者为代理人。在联盟运行阶段，成员之间构成相互委托代理关系，通过相互激励和合作博弈实现联盟产业技术创新目标并共同分享联盟合作剩余。因此，产业技术创新联盟防"逆向选择"和"道德风险"的激励机制设计问题就要基于委托代理理论、团队生产理论、博弈论、激励机制设计理论等理论基础进行研究。

1.4.1　博弈论

博弈论（game theory）是研究决策主体的行为相互影响时的决策问题和均衡问题，开始于 Von Neumann 和 Morgenstern 1944 年合作的 *The Theory of Games and Economic Behaviour*，广泛应用于多个领域，20 世纪 80 年代开始成为主流经济学的一部分。博弈分析的目的是在给定信息条件下，运用博弈规则预测均衡。对信息结构的理解是博弈论的一个重点和难点。委托代理博弈的信息结构为不完全、非对称信息环境。联盟博弈则是解决多利益主体协调行动产生的效益分配问题。[54]

1950 年，John F. Nash 的博士论文《非合作博弈》首次对合作博弈和非合作博弈的区别加以论述，指出二者的区别在于是否存在具有约束力的协议。[59]

1. 合作博弈

合作博弈（cooperative game）亦称为正和博弈，它研究合作剩余如何分配的问题，即收益分配问题。合作伙伴之间通过讨价还价决定合作剩余的分配，分配方案则取决于博弈各方的谈判力量和谈判技巧的较量，所达成的协议必须强制执行。合作剩余的分配既是妥协的结果，又是达成妥协的条件。合作博弈强调的是团体理性、效率、公正、公平。合作博弈的发展到 20 世纪 50 年代达到鼎盛，Nash 于 1950 年和 1953 年提出了纳什解，并证明它是满足纳什五公理的两人讨价还价问题的唯一解。[120,121] Shapley 于 1953 年提出的 Shapley-value 兼顾了博弈各方的贡献与收益，也便于解决共谋情形下的利益分配问题。[39] Nash 解及 K-S 解则兼顾了合作中的效率和公平两个方面。[122] Aumann 和 Kurz、Jan Svejnar 等则在合作博弈中引入谈判威胁点、合约临界点、谈判力等个体属性特征，指出谈判威胁点是谈判的基点，不同的威胁点会导致不同的利益分配结果；谈判力是成员参与合作剩余分配的能力，由成员的相对地位、实力等因素决定，受环境、制度等因素影响，对谈判收益有正向作用。但谈判力的相对大小会随成员获得知识和技能而发生改变，从而导致谈判失效，带来联盟的不稳定。[39,85,123-125]

2. 非合作博弈

非合作博弈（non-cooperative game）强调的是个体理性，每个局中人独立决策、没有义务去执行某种共同协议，尽管有时这种理性带来的是无效率。纳什提出完全信息静态博弈的纳什均衡成为非合作博弈的核心。Reinhard Selten 于 1965 年将纳什均衡的概念引入动态分析，提出"精炼纳什均衡"（不包含不可置信威胁的纳什均衡）概念。John C. Harsanyi 则把不完全（不对称）信息引入博弈论研究。他们三人因此获得 1994 年诺贝尔经济学奖。Kreps 和 Wilson 等则对动态不完全信息博弈进行了研究。[54,59]

信息互通和可强制执行的契约是合作博弈区别于非合作博弈的重要特征。然而，合作博弈与非合作博弈并非完全对立。合作博弈可能成为非合作博弈（从博弈过程、策略选择角度看），非合作博弈亦可能成为合作博弈（从博弈结果、收益分配角度看）。且现实中，由于信息不完全、契约不完善、谈判力等因素变化会导致契约不能完全执行，绝大多数博弈问题实质上是合作博弈与非合作博弈的混合物。

产业技术创新联盟成员之间的信息结构是不完全、非对称的。成员之间的博弈关系，在伙伴选择阶段可视为静态不完全信息非合作博弈，在联盟运行阶段可视为不完全信息合作博弈。

1.4.2　委托代理理论

委托代理关系指在非对称信息的市场交易中，有信息优势的代理人与处于信息劣势的委托人之间的合同关系。委托代理关系存在的基本条件是：交易双方是信息不对称下相互独立的效用最大化者，且都面临不确定性和风险。委托代理问题产生的原因就是双方利益的不一致和信息不对称。J. Pratt 和 R. Zechhauser 甚至认为，只要一个人的收益依赖于另一个人的行动，就产生了委托代理问题。张维迎于 1994 年和 1995 年则提出，在现实的组织中，信息不对称是相互的，并证明最优委托权（剩余索取权和控制权的统一）安排的决定因素是：在组织中成员的相对重要性和成员之间监督的相对有效性。[54,59]

委托代理理论（principal- agent theory）是建立在非对称信息博弈论基础上的，比较适用于对盟主–成员型联盟激励机制设计进行研究。Radner 于 1981 年和 Allen 于 1985 年指出，在长期中，外生不确定性降低，委托人可以相对准确地推断代理人的努力水平，代理人无法再通过偷懒来提高自己的福利。长期合同可被视为向代理人提供的保险，可以免除代理人的风险。因此，帕累托一阶最优风险分担和激励是可以实现的。因此，长期合约可能比短期合约更有效。[65,126] Fama 于 1980 年和 Holmstrom 于 1982 年则强调了代理人市场对代理人的约束，认为即使没有显性激励，代理人也会因为代理人市场声誉而积极努力工作。[87,127] 而 Lazear 和 Rosen 于 1981 年提出，锦标制度在代理人业绩相关时可强化激励效果。[128] Malcomson 于 1984 年则证明，锦标制度也是解决委托人"道德风险"的一个有效激励手段。[89]

产业技术创新联盟中，存在成员之间利益的不一致和信息的不对称。在组盟阶段，可将组织者视为委托人，入盟申请者视为代理人，研究组织者在不知申请者真实能力的前提下如何进行伙伴选择的问题。在联盟运行阶段，各成员之间则形成互为委托代理关系，研究如何相互激励实现联盟目标的问题。

1.4.3 团队生产理论

1. 一般理论

Alchian 和 Demsetz 于 1972 年提出，"团队"是指一组生产中相互依赖、创造共同产出的代理人，虽然每个代理人的努力水平可独立选择，但其边际贡献却因要依赖其他代理人的努力水平而不可独立观测。[129] Schelling 发现，虽然人们通常有合作意愿，但在团队中却因成员的完全理性行为而使合作变得不容易起来。Reid 等于 1996 年亦指出团队成员出于自利，往往不情愿在团队内共享知识。在团队生产中，偷懒、搭便车等"道德风险"较为普遍，从而导致团队合作的低效率甚至失败。[54,59,130]

针对团队偷懒问题，委托人可激励多个代理人相互监督以实现次优。[131]且只要每个代理人投入的边际贡献可观测，监督就有效。[132] Holmstrom 于 1982 年则证明，只有在团队规模很大，代理人风险厌恶，且代理人和委托人均面临初始财富约束的时候，委托人的监督才是重要的。引入一个打破预算平衡（breaking budget，目的是通过"团体惩罚"或"团体激励"来抵消代理人的搭便车行为）而非直接监督团队成员的委托人，则可以使激励机制发挥作用，解决团队生产中的偷懒、搭便车行为。[85] Eswaran 等于 1984 年却进一步研究认为，打破预算平衡无法解决委托人的道德风险。[88] 而类似锦标制度可能是解决委托人"道德风险"的一个有效激励手段。[89]

McAfee 等于 1991 年证明，无论委托人是观测每个人的贡献还是团队产出，均衡结果都是一样的。[57] Itoh 于 1991 年则证明，如果代理人之间工作互补，且帮助同伴的努力成本与自己工作的努力成本相互独立，那么激励机制可实现"团队生产"最优。[86] Che 等于 2001 年则运用动态重复博弈来考察团队生产中的合作及最优激励问题。[133]

虽然利益分配问题本身并不是激励问题，但在团队生产中，从根本上来说，激励问题却是一个利益分配问题。因为团队本质上是一个竞合组织，成员追求的根本目标是自身效用的最大化而非团队效用的最大化。而团队的总期望产出又是与各个成员的努力水平相关的，因此，团队激励最终是通过利益分配来完成的。利益分享计划是团队激励计划中运用最广泛的一种形式。利益分享要受到利益分配规则（可以用团队福利函数来表征）的制约。[56]

2. 合伙型团队生产理论

在合伙型自主工作团队中，团队成员的关系是"平等的"，并不存在一个明确的委托人，但同样存在信息的不对称，同样存在道德风险。一方面，由于信息不对称使得团队成员不可相互观察对方的策略选择，团队联合产出又由于技术等方面原因不可分，诱发团队成员强烈的偷懒和搭便车的机会主义动机。[129] 另一方面，团队联合产出与团队成员的策略选择紧密相关，团队成员会按事前达成的协议分配团队的合作剩余，又有强烈动机去激励其他成员积极投入，从更大的合作剩余中获取更大的个人利益。[61]因此，团队成员既是委托人又是代理人。团队成员既是一个多委托多代理关系，也是互为委托代理关系。每个团队成员既有激励所有团队成员（包括他自身）积极努力的动机，又有"偷懒"和"搭便车"的动机。因此，团队生产中的激励问题也是相互的，最优的策略选择要在两者之间进行权衡取舍。且平均分配会降低合伙型自主工作团队中高技能者的积极性，影响工作效率。[73]激励机制由谁来设计、目标是什么、如何实施等问题使相互激励变得复杂起来。[39]

产业技术创新联盟即是这样的一个合伙型自主工作团队，在联盟的合作技术创新活动中存在上述各项特质和问题。

1.4.4　激励机制设计理论

1. 一般理论

机制设计理论起源于 Leonid Hurwiez 于 1960 年和 1972 年的开创性工作，他因此而获得 2007 年诺贝尔经济学奖。机制设计理论讨论在信息不完全及参与人自愿交换、自由选择等分散化决策条件下，能否设计出及如何设计出一个机制，实现参与者个人利益和设计者既定目标的一致。机制设计须考虑两方面的问题：信息效率（informational efficiency，较低的信息成本）和激励相容（incentive compatibility，参与者按照自利原则行事，客观上达到设计者所要实现的目标）。激励相容的信息机制虽不能完全解决非对称信息产生的各种市场失灵问题，但有可能使社会资源配置达到帕累托次优状态。[134]

委托人与代理人之间的利益协调问题即信息激励机制的设计问题。委托人应制定怎样的规则，使代理人利己行为的结果与委托人期望的目标一致？激励机制设计是一种特殊的不完全信息博弈，要发生效力，必须是一种纳什均衡。

委托人设计机制的目的是最大化自己的期望效用函数。具体目标有两个：针对代理人隐蔽信息而可能面临的逆向选择，如何"让人说真话"；针对代理人隐蔽行动而可能面临的道德风险，如何"让人不偷懒"。按照 Myerson 于 1979 年的显示原理，委托人可以只考虑直接（代理人的战略空间等于类型空间）机制的设计，而通过代理人之间的静态贝叶斯博弈来获得最大的期望效用。[54]

激励机制设计的核心是必须满足来自代理人的两个基本约束：参与约束（又称个人理性约束，individual rationality constrant，IR）指委托人设计的激励机制使代理人参与合同所得到的最低效用不低于他的保留效用；激励相容约束（incentive compatibility constraint，IC），指委托人设计的激励机制使代理人参与合同所得到的效用最大。20 世纪 40 ~ 60 年代，W. Vickrey 和 James A. Mirrless 建立和完善了委托人和代理人之间关系的激励机制设计理论，并因此共获 1996 年度诺贝尔经济学奖。[59,135,136]

2. 团队激励机制设计理论

团队激励机制设计的主要问题是：如何设计有效的分配机制来解决团队生产中的"偷懒"和"搭便车"等问题。而在合伙型自主工作团队中，团队成员既是委托人又是代理人，各自有着不同的价值标准或目标。团队拥有了多重目标，存在多个利益主体。而制定规则本身又不能由某一个团队成员单方面决定。如果多个目标不能综合成一个共同的目标，激励也就不可实施，更加谈不上相互激励了，这必将导致团队合作的低效率甚至失败。[39,81]

产业技术创新联盟在组盟阶段，委托人（联盟组建者）设计激励机制的目的是如何让代理人（入盟申请者）"说真话"。在联盟运行阶段，则是成员之间如何互相激励，使成员"不偷懒"。

1.4.5　项目管理理论

始于 20 世纪 80 年代的现代项目管理（project management）是运用各种知识、方法、工具和技能，为满足或超越项目各利益相关者对项目的要求和期望，进行各种计划、组织、协调、领导和控制等管理活动。项目管理所需要的管理知识、技能、方法和工具主要包括项目时间、质量、成本、范围、风险、采购、沟通、人力资源、集成管理等各个领域（图 1.1）。普遍性、目的性、独特性、集成性、创新性、过程性、变更性、团队性、风险性、预测性等便构成项目管理有别于一般经营管理的特性。团队管理、自我管理是项目管理的主要方式。[137]

产业技术创新联盟相当于一个技术创新项目团队，产业技术创新项目是包括从开发、设计、生产、销售一系列相互关联的子项目构成的项目群，需要项目群管理的原理和方法。从技术创新项目的定义和决策、产业技术创新

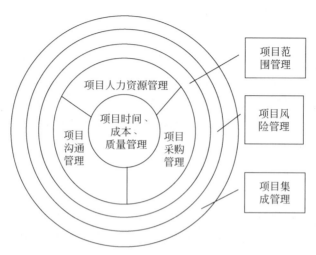

图 1.1　现代项目管理知识体系逻辑图[137]

联盟组建、技术创新项目计划和设计、联盟运行和控制、项目收尾和验收、联盟解散等各个环节，都可以参照项目管理相关理论和方法进行。例如，依据项目工作分解技术，创建高品质的工作分解结构（work breakdown structure，WBS），并在项目工作包（work package）的基础上进一步界定出项目活动清单（project activities list），估算出各项目活动所需投入资源的种类、数量和时间，作为激励的基础。各联盟成员则根据自身资源及能力选择其中若干个项目活动开展工作，并据此进行投入和分享收益。[137]

此外，联盟理论、契约理论、社会选择理论、谈判理论、福利经济学等相关理论和方法也将在本书的研究中发挥作用。

1.5　研究内容、方法、创新及技术路线

1.5.1　研究内容和方法

针对产业技术创新联盟实践发展和理论研究中存在的问题，借鉴相关理论和方法，本书着重从以下几个方面进行深入研究。

1. 产业技术创新联盟发展现状分析和理论研究综述

本书首先运用定性分析，从理论角度对产业技术创新联盟产生、发展的

组织生态背景进行剖析，明确产业技术创新联盟在技术创新系统中的定位和作用。然后基于网络调查并进行统计分析，对其在实践发展中存在的问题进行深入剖析；通过文献查阅和分析，对产业技术创新联盟相关问题的理论研究进行综述，为后续研究明确方向。依据研究问题的需要提出可参考的相关理论和方法，并据此提出本书研究的目的和意义、内容和方法。

2. 产业技术创新联盟的激励问题分析

这部分内容依据国家六部委对产业技术创新联盟的界定，通过对产业技术创新联盟与其他相关联盟和类似组织进行对比分析，对产业技术创新联盟的内涵、属性、构成、成员关系、风险等特性进行全面分析，以突出产业技术创新联盟激励问题的特殊性，为后面的激励研究提供思路和理论依据。

3. 产业技术创新联盟激励机制设计

这部分内容基于前述产业技术创新联盟激励问题的特性，设计产业技术创新联盟防机会主义激励机制。在产业技术创新联盟组建阶段，针对入盟申请者的"逆向选择"，构建非合作博弈的单向激励模型，研究联盟组织者如何设计激励机制促使入盟申请者披露自身真实能力，并吸引高能力申请者积极入盟；在产业技术创新联盟运行阶段，针对联盟成员的"道德风险"，构建合作博弈的相互激励模型，研究联盟成员间如何相互激励，促进盟员积极投入技术创新活动、分享创新知识以提高联盟效率和稳定性。然后运用算例分析对模型进行验证和讨论。

4. 政府对产业技术创新联盟的支持和激励

这部分内容从产业技术创新联盟的特殊性出发，运用定性分析、案例研究，对政府在不同模式下的产业技术创新联盟以及在联盟生命周期各个阶段中的支持和激励措施进行分析，以促进产业技术创新联盟健康发展。

5. 研究总结和展望

这部分内容对本书进行总结，并对未来进一步研究的方向和重点进行展望，以期为本领域研究提供有价值的借鉴。

这五方面构成本书研究的主要内容，其中产业技术创新联盟的激励机制设计为本书研究的重点和核心内容。

1.5.2 研究创新

产业技术创新联盟是近年来我国提出的一种新型技术创新合作组织，对其理论和实践研究均尚处于探索阶段。针对产业技术创新联盟在实践发展中种种华而不实、效率低下的问题，在理论研究中少而粗浅，特别对其激励问题研究的不足，本书作了一些新的尝试。研究创新之处主要表现如下：

1）借鉴项目管理理论和方法，将产业技术创新联盟比作技术创新项目团队。运用 WBS 技术和活动分解技术，对产业技术创新联盟技术创新项目进行分解，分析各项目活动所需投入资源和在项目中的重要性。以此为基础设计联盟防"逆向选择"和"道德风险"的激励机制。

2）对产业技术创新联盟成员关系依联盟发展阶段进行细分，并据此设计联盟防机会主义激励机制。在组盟阶段，联盟组织者与入盟申请者之间存在委托代理关系，激励问题是委托人——组织者，对代理人——入盟申请者进行激励，运用非合作博弈设计单向激励机制防范"逆向选择"问题；在联盟运行阶段，因产业技术创新联盟战略特殊性，成员之间形成互为委托代理关系，激励问题转化为成员之间的相互激励，运用合作博弈设计相互激励机制防范"道德风险"问题。

3）引入评估机制和条件概率理论，辅助对入盟申请者进行初步的筛选；将入盟基金引入博弈模型。在防"逆向选择"激励研究中，不但考虑如何激励风险中性的入盟申请者说真话，还考虑如何隐性地为联盟设定能力门槛、激励高能力者积极入盟。在防"道德风险"激励研究中，结合成员的风险规避度讨论激励机制的设计，不但考虑如何激励风险厌恶型成员积极投入联盟技术创新活动，亦考虑如何实现成员个体利益和联盟利益的共赢。

1.5.3 研究技术路线

本书从产业技术创新联盟实践发展和理论研究中存在的问题出发，依据对问题的剖析和解决过程展开各项研究（图1.2）。

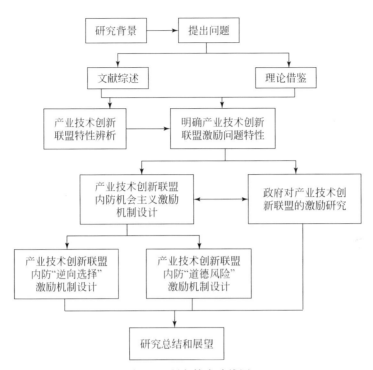

图 1.2 研究技术路线图

第2章　产业技术创新联盟的激励问题

国内风起云涌的产业技术创新联盟实践活动普遍存在华而不实、效率低下的问题，对联盟内涵认识不到位是根本原因之一。本章将依据国家六部委对产业技术创新联盟的界定，通过对产业技术创新联盟与其他相关联盟和类似组织进行对比分析，对其内涵、属性、构成、成员关系、风险等特性进行全面分析，以突出产业技术创新联盟激励问题的特殊性，为后面的激励研究提供思路和理论依据。

2.1　产业技术创新联盟特性

2.1.1　产业技术创新联盟界定

1. 技术创新

Schumpeter 于 1912 年在《经济发展理论》一书中首次提出创新概念和理论，认为创新（innovation）就是要"建立一种新的生产函数"，即"生产要素的新组合"。并进一步明确指出"创新"的五种情况：引进新的产品或产品的新特性；采用新的生产方法；开辟新市场；征服或控制原材料或半成品的新的供给来源；实现企业的新组织。后来的研究者将其归纳为五个创新：产品创新、技术创新、市场创新、资源配置创新、组织创新（制度创新）。[138]

技术创新的界定在学术界引起了反复讨论和争论。一致的观点是认为技术创新是经济意义上的创新。争论则主要集中在 3 个方面：[139]

1）技术创新的范围。狭义的界定仅限于与产品直接有关的技术变动；广义的界定则包括产品和工艺，甚至组织和制度创新。

2）技术变动的强度。有的主张技术根本性变化才是创新；有的则将技术的渐进性变化也包括进去。

3）技术的新颖程度。有人主张技术创新只限于"首次"；有人则将创新的扩散性应用也包含在内。

综合考虑技术创新的理论研究和实践活动，本书将技术创新界定为：基于技术进步的以经济为目的的关于生产要素的"新组合"。既包括技术的根本性变化，也包括渐进性变化；既可以是原始创造，也可以是引进吸收。技术创新是一个完整的商业活动，包括从研究开发到成果转化、产业化、商业化全过程。本质上是一个科技、经济一体化过程，是技术进步与应用创新共同作用催生的产物，它包括技术开发和技术应用这两大环节。检验创新成功的最终标准是创造了多少价值。[7]

2. 战略联盟

企业战略联盟的雏形最早出现在日本，却首先在美国企业界盛行。1990年以来，美国国内及跨国性质的战略联盟每年以 25% 的增长率快速发展。美国 DEC 公司总裁 J. Hopland 和管理学家 R. Nigel 最早提出战略联盟（strategic alliance，SA）的概念，认为战略联盟是由两个或多个有共同战略利益和均等经营实力的企业，为达到共同使用资源、共同拥有市场等战略目标，通过协议、契约而结成优势互补、风险共担、生产要素相互流动的一种松散合作模式。战略联盟在企业界、学术界及社会各界引起了巨大反响。[30]

关于战略联盟的界定，学术界还存在不同看法：Dacin 等学者于 1988 年认为，战略联盟是两个或更多企业间为了提高竞争地位和绩效，通过资源共享实现的合作形式。Porter 于 1990 年将联盟称之为"企业间达成的既超出正常交易，又达不到合并程度的长期协议"。Teece 于 1992 年认为，战略联盟是两个或多个伙伴企业，为实现资源共享、优势互补等战略目标而进行的，以信任和承诺为特征的合作活动。联盟可创造合作剩余。Sierra 于 1995 年认为，战略联盟是由相互竞争的强大公司组成的伙伴关系，是一种竞争性联盟。Dussauge 和 Garrette 于 2006 年指出，战略联盟是独立企业间以共享资源、能力为基础而建立的长期合作关系，战略联盟以共同实施项目或活动为表征。……[30,140-142]

尽管众学者对企业战略联盟概念研究的切入点不同，但各种界定都强调战略联盟是成员间在特定战略目标下的一种合作关系。除此之外，构成战略联盟还应具备一些条件：介于企业与市场的"中间组织"；各成员在联盟后仍保持独立性；合作成员共同努力并分享联盟收益。战略联盟的基本特征主要表现为组织的松散性、成员地位的对等性、合作与竞争的共存性及合作行为的战略性（图2.1）。[38]

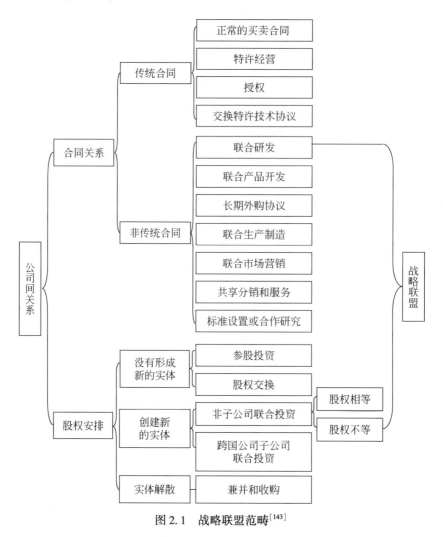

图2.1　战略联盟范畴[143]

3. 产业技术创新联盟

对于产业技术创新联盟的含义，国内大多研究采纳了国家六部委于2008

年的界定：产业技术创新联盟是由企业、大学、科研机构或其他组织机构，以企业的发展需求和各方的共同利益为基础，以提升产业技术创新能力为目标，以具有法律约束力的契约为保障，形成的联合开发、优势互补、利益共享、风险共担的技术创新合作组织。[18]

推动产业技术创新联盟构建的指导思想是以国家战略产业和区域支柱产业的技术创新需求为导向，以形成产业核心竞争力为目标，以企业为主体，围绕产业技术创新链，运用市场机制集聚创新资源，实现企业、大学和科研机构等在战略层面有效结合，共同突破产业发展的技术瓶颈。[18]

产业技术创新联盟的主要任务是组织企业、大学和科研机构等围绕产业技术创新的关键问题，开展技术合作，突破产业发展的核心技术，形成产业技术标准；建立公共技术平台，实现创新资源的有效分工与合理衔接，实行知识产权共享；实施技术转移，加速科技成果的商业化运用，提升产业整体竞争力；联合培养人才，加强人员的交流互动，支撑国家核心竞争力的有效提升。[27]

从本质上看，产业技术创新联盟是企业与高校、科研机构之间通过契约建立的，以产业技术创新为目标的一种产学研合作的高级形式。基于上述界定，产业技术创新联盟除具有一般联盟的共性，如组织的松散性、成员地位的对等性、合作与竞争的共存性及合作行为的战略性外，还有其独特的个性：[18,27]

1）是国家创新体系在产业层面的推进，参与方更加广泛，经济社会综合效益更加显著；

2）以《国家中长期科学和技术发展规划纲要（2006—2020 年)》确定的重点领域、战略产业的重大技术创新需求为导向，解决产业发展的共性和关键技术问题；

3）联盟开展的技术创新活动应有利于集聚创新资源，形成产业技术创新链；

4）联盟应具有较强的产业带动和推广作用，以提升产业技术创新能力、核心竞争力，促进产业优化升级为目标；

5）联盟成员以法人身份，依据《合同法》及有关法规建立长期契约关系。

2.1.2 产业技术创新联盟属性

产业技术创新联盟是众多战略联盟中的一种，是以产学研合作为基础，以契约为保障，以提升产业技术创新能力为目标的产业层面的合作组织。综观战略联盟的产生和发展历程，自 Hopland 和 Nigel 提出战略联盟的概念以来，在此基础上衍生出众多的战略联盟形式。本书通过对相关组织的对比分析来研究产业技术创新联盟的属性。

1. 企业联盟和产学研联盟

按照成员身份和所处领域，联盟可分为企业联盟（enterprise alliance）和产学研联盟（the industry-academy-research strategic alliance）。

企业联盟是指两个或两个以上有着共同战略利益的企业自发结成的合作组织，联盟目标可为解决企业发展中的任何问题，如技术研发、产品生产、市场开发等。

产学研联盟是指企业、高校和科研院所利用各自的资源或优势而建立的正式但非合并的技术创新关系结构。产学研联盟是产学研合作的高级形式，是企业以市场需求为目标联合学研机构进行技术研发活动，或学研机构以技术成果产业化为出发点联合企业进行技术产业化活动。

产业技术创新联盟是由企业、学研机构及其他组织为了产业技术创新目标组建而成的合作组织，是产学研联盟在产业层面的合作形式。联盟成员来自于产学研各界，各方利益需求和行事风格均有显著差异，这是产业技术创新联盟管理问题复杂性的根源之一。

2. 企业联盟和产业联盟

按照联盟组织所处层面，联盟可分为企业联盟和产业联盟（industry alliance）。

企业联盟是企业之间按照市场规则自愿组建的合作组织，联盟目的在于通过合作实现企业的自身利益需求。

产业联盟则是为了解决特定的产业共性问题而非单个企业发展目标而设立的合作组织，成员可以是产业链上任何节点的相关组织。实践中产业联盟主要有四种类型：旨在打造有竞争力的完整产业链的产业链合作产业联盟、旨在解决产业共性技术问题的研发合作产业联盟、旨在共同开发市场的市场合作产业联盟和旨在获取产业技术标准制定权的技术标准产业联盟。[6]

产业技术创新联盟从组织层次来看，应属于产业联盟范畴，是旨在提升产业技术创新能力而建的产业联盟，涉及技术研发合作、产业链合作、市场合作甚至是技术标准的制定，是产业联盟各种形式的有机结合。

3. 产业联盟和行业协会

产业联盟与行业协会具有一定的相似性，如参与企业众多、目标都是解决产业共性问题。行业协会可牵头组建产业联盟，在产业联盟的构建和发展上发挥积极的推动和协调作用，但协会不等同于联盟。

产业联盟是为实现特定目标而成立的，介于企业与市场之间的一种"中间组织"，组织形式多样，目标实现后就要解散或转型。成员不受地域限制，有明确的产出目标和责任分工，契约合作关系有法律约束。

行业协会是为相关企业提供咨询、协调等服务的一般性目标而设立的，介于企业与政府之间的一种"中间组织"，组织形式为长期存在的非盈利组织。行业协会追求的是行业交流与合作的广泛性。成员基本分布于同一地域，但关系松散。[6]

在产业技术创新联盟的实践活动中，出现了一些联盟组织松散、目标泛化等现象，其运行模式更像现实中的行业协会而非目标明确、合作紧密的产业联盟。

4. 他组织联盟和自组织联盟

组织是指系统内的有序结构或这种有序结构的形成过程。德国理论物理学家 H. Haken 于 20 世纪 70 年代初从组织的进化形式角度将组织分为两类：他组织和自组织。他组织指组织靠外部指令而形成，其组织结构与功能相对简单，自我选择与动态演化能力弱；自组织则指组织靠内部自发形成。一个系统的自组织功能愈强，其主动创新能力与适应能力也就愈强。但现实中，他组织与自组织并不能完全割裂，而是共存于一个组织系统中，最终的组织状态取决于二者谁的主导能力更强。在特定的时空影响下，二者甚至可以相互转换。一般来说，组织或系统结构与功能的复杂程度，决定了其有效选择是他组织还是自组织。[144]

联盟作为一种组织间为了适应外部环境变化而组建的新型合作组织，大多采用自组织形式。但在一些产学研联盟或产业联盟中，为了国家或区域特定的产业发展和创新目标，政府可能会采取主动方式从外部促进联盟的组建和发展。

产业技术创新联盟的实质是产业联盟与产学研联盟的结合体。其组建初期既有自组织也有他组织形式，随着联盟的发展，一些他组织联盟可能转化为了自组织形式。权衡利弊，自组织形式应该是产业技术创新联盟提高主动创新能力和适应能力的合理选择。

5. 产品联盟、市场联盟与知识联盟

按照合作内容和目标的不同，联盟可划分为产品联盟（products alliance）、市场联盟（market alliance）与知识联盟（knowledge alliance）。

产品联盟以生产为中心，为了实现生产的技术经济效益而开展合作；市场联盟通过建立统一的市场规则来扩大市场影响力；知识联盟则是战略联盟的一种高级形式，它以知识为纽带，通过知识转移、知识共享和知识整合等多维互动过程来创造知识以提高核心能力，是一种学习型联盟。当然，在产品联盟和市场联盟中也存在知识的学习和创造，但不以此为主要目的。另外，产品和市场联盟通常是在竞争者或潜在的竞争者之间形成，而知识联盟能够在多个领域的任何组织之间形成，其参与者更为广泛。

知识联盟泛指一切为了知识创造而构建的联盟，在知识联盟内部，也存在着众多的联盟类型。例如，为了技术进步而组建的技术联盟，为了分享知识优势而组建的知识共享联盟（当然，任何联盟在合作中都会存在信息与知识的交流与分享）。技术联盟又有技术研发联盟、技术标准联盟和技术创新联盟之分。而技术创新联盟的技术创新又会涉及技术研发、生产和销售的各个领域。产业技术创新联盟就是这样一种整合技术创新链上（科研、设计、工程、生产和销售）各种资源，通过相互学习和知识创造以提升产业核心竞争力的知识联盟。

6. 横向联盟、纵向联盟和混合联盟

根据联盟各方在产业链中的相互关系，联盟又可分为横向联盟（horizontal alliance）、纵向联盟（longitudinal alliance）和混合联盟（mixed alliance)。

横向联盟是指联盟成员从事的是同一产业链上的类似活动,其优势主要来自于成员各方的相似性。横向联盟包括技术分享、交叉许可证转让等合作协议,也常以合资企业的形式出现。

纵向联盟是指处于产业链上下游关系的成员之间建立的联盟,较多采取非股权的合作方式。其优势主要来自价值链活动的互补性差异。混合联盟是指处于不同行业、不同价值链上的组织之间的联盟,是横向联盟和纵向联盟的混合。

产业技术创新联盟是成员跨多个领域的庞大产业合作组织,既有从事相似活动的成员,又有处于产业链上下游关系的成员,还有因技术需要而加入的其他行业外组织,是典型的混合联盟。成员的多样性造就了联盟的复杂性。

7. 契约型联盟与股权型联盟

按照联盟治理权分配的法律关系,联盟可分为契约型联盟(contractual alliance)与股权型联盟(equity alliance)。

契约型联盟基于自治原则,通过契约来确保在合作期内联盟各方战略目标的实现,又可以根据战略投资项目的发展变化来灵活选择合作方式和合作伙伴。灵活性是契约型联盟的价值所在。但由于环境的不确定性或协议的高成本导致的协议不完备性,会使得契约型联盟存在一些先天不足。主要靠契约来维护的松散合作组织缺乏稳定性和长远性,成员之间彼此信任度不高,对联盟的责任感、控制力低,易出现"偷懒""搭便车"等"道德风险",导致组织效率低下甚至合作失败。

股权型联盟是联盟成员相互持有对方股权的一类联盟。股权持有者的利益一致性使得欺骗的动机下降,且相互的股权投资和管理参与使得对联盟的控制力增强。联盟关系深度和稳定性最高。但高度一体化的治理模式使得股权型联盟出现了一些类似大型企业的通病,初始投入大、投资难度大、转置成本高等导致联盟灵活性差,在公司治理方面也有一系列深层次问题,使得联盟内成员之间的合作困难重重。[39]

产业技术创新联盟大多是以具有法律约束力的契约为保障而建立的契约型联盟。这种灵活但不稳定的治理结构也是产业技术创新联盟形同虚设的根源之一。如何设置合理的治理结构一直是联盟理论界和实践界探讨的重点问题之一。

8. 盟主–成员型联盟与平等型联盟

按照联盟中成员的谈判力大小，可将联盟分为盟主–成员型联盟（lead-member alliance）与平等型联盟（equal alliance）。

盟主–成员型联盟是现实中存在的大量不平等联盟的极端情形，存在一个拥有特殊资源或特殊能力的成员，在谈判中处于绝对有利的位置（谈判力为"1"），是联盟中的盟主，是联盟的核心，规定着联盟的联合范围、活动内容以及利益分配。而其他成员处于从属的地位，是联盟里的普通成员。由于联盟中成员地位的不平等，通常是由盟主提供一个其他成员要么接受要么拒绝的协议供其选择。由于盟主具有协议制定权和强大的谈判力，可获得由联盟合作带来的全部（或大部分）合作剩余，导致普通成员可能不太关心联盟合作剩余的大小。因此，为了最大化盟主的利益，在信息不对称情形下，盟主（委托人）需要设计契约来激励从属成员（代理人）积极投入以极大化联盟的合作剩余。[39]

在平等型联盟中，虽然可能存在毫无谈判力的成员（纯粹的代理人），但不存在具有绝对谈判力的成员。他们共同创造合作剩余，再根据联盟协议来分配合作剩余，而联盟协议需要通过成员的共同商议来确定。由于产出是所有成员共同努力的结果，而每个成员的努力水平通常是不可完全观察的，因而每个成员都有偷懒和搭便车的动机，这就决定了该类联盟的道德风险问题尤为突出。[39]

产业技术创新联盟多由产业内龙头企业、大学或研究机构（自发或受政府委托）带头组建，产业内龙头企业（或大学、研究机构）在联盟中起主导作用，但尚不具有完全谈判力。且为了实现产业重大技术创新，产业技术创新联盟的组建成员多为产业内各领域的领先者，可谓强强联合，构成了近似"平等型联盟"。

9. 战略联盟与项目团队

现代项目管理理论认为，项目（project）是指在一定的时间、资源约束下，为实现既定目标而开展的一次性工作。美国项目管理协会（Project Management Institution，PMI）则认为，项目是人类为提供某种独特产品、服务、成果所作的临时性努力。Gido 于 1999 年认为项目是以一套独特、相互关联的任务为前提，有效利用资源，为实现特定目标所作的努力。一次性、独特性、创新性、目的性、制约性、风险性、过程性、项目后果的不可挽回性、项目组织的临时性和开放性等构成项目有别于一般经营活动的特性。[137]

战略联盟是成员间在特定战略目标下的一种合作关系。联盟为实现特定目标而成立，目标实现后解散或转型。联盟相当于一个项目团队，其活动具备项目的特质。

从本质上来看，产业技术创新联盟就相当于一个为了实现产业技术创新目标而组建的产业技术创新项目团队。产业技术创新活动需要整合包括科研、设计、工程、生产和市场的技术创新链上的多领域能力和成员，这是个庞大而复杂的项目群（program，为了实现某一共同目标而集成起来的一系列项目和运营活动）。所不同的是，项目团队有明确的负责人——项目经理，类似于盟主–成员型联盟。而产业技术创新联盟是一个自主合作的项目工作团队，更类似于平等型联盟，联盟管理和协调工作由核心成员组成的联盟理事会负责。

综合上述分析，可归纳出产业技术创新联盟的属性如表 2.1 所示。

表 2.1　联盟分类及产业技术创新联盟属性

联盟分类依据	联盟分类	产业技术创新联盟属性
成员身份和所处领域	企业联盟、产学研联盟	产学研联盟
成员在产业链中的相互关系	横向联盟、纵向联盟、混合联盟	混合联盟
成员在联盟中的谈判力	盟主–成员型联盟、平等型联盟	平等型联盟
成员合作目标	产品联盟、市场联盟、知识联盟	知识联盟
联盟组织所处层面	企业联盟、产业联盟	产业联盟
联盟组织形式	他组织联盟、自组织联盟	他组织或自组织联盟
联盟治理权分配的法律关系	契约型联盟、股权型联盟	契约型联盟

2.1.3　产业技术创新联盟构成

1. 产业技术创新联盟构成

产业技术创新联盟是在产业层面开展的新型产学研合作技术创新组织，以技术为基础、以市场为导向，由政府、企业、高等院校、科研机构、风险投资机构、其他生产性服务机构等构成了包括研发、设计、生产、销售等环节紧密衔接的技术创新链（图2.2）。

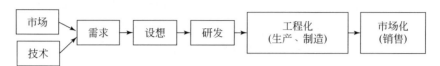

图2.2　产业技术创新联盟技术创新链

2. 产业技术创新联盟参与主体

在合作创新过程中，组织因素会对创新绩效产生关键性影响。产业技术创新是一项复杂的系统工程，联盟成员涉及产、学、研、政、金等多个领域，成员之间文化和利益均存在巨大的差异，大大提高了联盟的管理风险和难度（图2.3）。[145]

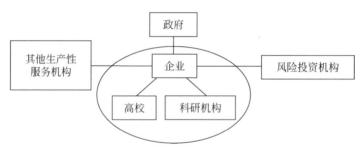

图2.3　产业技术创新联盟构成

作为产业技术创新联盟的参与方，各成员都应对联盟有"贡献"与"承诺"。"贡献"意味着成员应具有某种异质性资源、知识或核心能力；"承诺"意味着成员愿意与合作伙伴分享自己的这些特殊资源，愿意让渡部分利益。

企业是技术成果产业化的最佳载体，必然成为产业技术创新联盟的主导和核心。企业参与产业技术创新联盟的主要任务有投入创新资源、参与研究开发和技术成果转化，是技术创新中资金和资源的投入主体。然而，目前我国企业的技术创新投入严重不足，其 R&D 投入仅占全国总量的 40% 左右，而发达国家企业的这一指标达 60% ~ 70%，我国与发达国家存在相当大的差距。借助产业技术创新联盟，企业可从高校、科研院所获得持续的知识和技术支持，从政府获得技术创新的政策支持，从其他服务机构获得资本、商业

等帮助，以实现技术的产业化和市场价值，并在合作过程中获得新的知识和经济利益。[146,147]

大学和科研机构拥有知识和技术的比较优势，可成为技术研发的主力（或与企业共同研发）。但学研机构以论文、纵向项目为导向的科研考核机制导致全国的科技成果转化率不到10%。学研机构可通过产业技术创新联盟来发挥自身的知识、技术优势，借助产业界实现科技成果商品化、市场化，与企业共同分享技术创新成果，并在合作过程中获得新的知识。同时，学研机构亦可依托技术创新项目，与产业界、市场紧密结合，不断优化自身的学科建设和人才培养模式。[148]

政府主要作为联盟的推动者和引导者，并不参与联盟实际运作过程，但可借助政策法规对联盟提供支持和约束。可根据产业发展战略目标和实际需要引导技术创新方向和项目，利用信息优势帮助选择联盟成员，设立产业技术创新合作专项基金、专项贷款给产学研合作项目提供资金支持，辅助引入风险投资和其他生产性服务机构，帮助疏通产学研界的合作渠道，帮助企业摈弃一些短视行为，推动技术成果外溢和推广。政府不但关心联盟的经济效益，更应关注联盟带来的技术进步和产业升级等社会效益。

在技术创新尤其高新技术创新领域，引入风险投资已成为必由之路。当今世界许多著名高新技术企业，如 DEC、COMPAQ、Intel 公司等，都得到过风险投资。风险投资机构可为产业技术创新联盟的资金需求和风险规避提供有效途径。在科技研发、中试、产业化和商品化活动中，都可以引入风险投资基金。

其他生产性服务机构则作为必要的辅助机构参与联盟技术创新过程，主要通过市场交易方式获取收益。

3. 产业技术创新联盟委托代理关系

产业技术创新联盟与其他类型联盟相比，有其特殊的战略定位——高技术风险下，政府推动的以提升产业技术创新能力为目标的多领域合作组织。联盟与政府之间，联盟成员之间形成了两级的委托代理关系。政府（委托方）与联盟（代理方）形成第一级的委托代理关系，并通过政策对联盟技术创新活动进行引导和激励。联盟内成员之间形成第二级的委托代理关系。

产业技术创新联盟中，存在成员之间利益的不一致和信息的不对称。在组盟阶段，产业内龙头企业（或机构），或联合政府进行联盟组建，可将组织者视为委托人，入盟申请者视为代理人，研究组织者在不知申请者真实能力的前提下如何进行伙伴选择的问题。在联盟运行阶段，各成员之间则形成互为委托代理关系，研究如何相互激励实现联盟目标的问题（图2.4）。

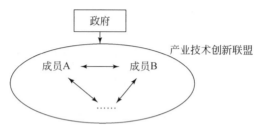

图2.4　产业技术创新联盟委托代理关系

2.2　产业技术创新联盟内的竞争合作关系

资源的异质性决定了联盟伙伴间合作竞争的共生关系居主导地位。作为各自具有独立发展权的联盟参与方，产业技术创新联盟成员之间特别是作为技术创新主体的企业之间存在着竞争与合作并存的竞合关系。适当增加合作意识或者减少竞争意识都可以使得成员间达到互利共赢。[149]

竞争合作的概念由 Nalebuff 与 Brandenburg 在 1996 年首次提出，他们运用博弈论来研究企业之间的竞争合作关系。同年，Bengtsson 和 Kock 将竞争与合作并存的现象也称为合作竞争。合作竞争关系的复杂性在于两种不同的相互逻辑关系并存。参与者一方面因利益冲突而存在敌意，同时又因共同利益而友善。这两种相互逻辑关系本身存在冲突，需要通过合适的方式加以区分，才能使这种合作竞争关系成为可能。[149]

本书将所有企业的市场容量分为三部分：S_1 表示合作竞争企业 1 的市场占有率，S_2 表示合作竞争企业 2 的市场占有率，S_0 表示其他企业的市场占有率。C 为合作竞争企业间的合作意识。假设：

1）市场总容量不变，$S_0(t) + S_1(t) + S_1(t) = 1$；

2）合作竞争企业市场占有率的增减只与它们之间的合作和竞争有关；

3）合作竞争意识的增长与合作竞争企业 1 和 2 的市场占有率成正比。

设系统所有的参数都是非负的，k_1 和 k_2 分别表示企业 1 和 2 的合作意识产生率，δ 为合作意识的自然消亡率。d_{21} 表示企业 1 对企业 2 的竞争意识，d_{12} 表示企业 2 对企业 1 的竞争意识。$p(0 < p < 1)$ 表示由于竞争而导致企业 1 和 2 市场占有率流向其他企业的概率。β 表示合作企业的传播率。

合作竞争企业 1 的市场份额 S_1（t）的输入包括 $pd_{21}S_2$ 和 $k_1\beta S_0 C$。$k_1\beta S_0 C$ 表示通过两企业的合作，市场份额从 S_0（t）变化到 S_1（t）。$pd_{21}S_2$ 表示通过两企业的竞争，市场份额从 S_2（t）变化到 S_1（t）。由于两企业间的竞争，S_1（t）的输出为 $d_{12}S_1$。同理，可得到 S_2、S_0 和 C 的变化情况，如图 2.5 所示。

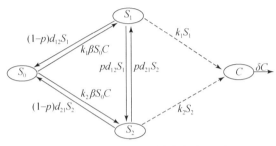

图 2.5　企业间的合作竞争流程图

因此，对于此类企业的动力学模型可用下述的微分方程组表示：

$$
\begin{cases}
\dfrac{\mathrm{d}S_0}{\mathrm{d}t} = (1 - p)(d_{12}S_1 + d_{21}S_2) - (k_1 + k_2)\beta S_0 C \\[2mm]
\dfrac{\mathrm{d}S_1}{\mathrm{d}t} = k_1\beta S_0 C - d_{12}S_1 + pd_{21}S_2 \\[2mm]
\dfrac{\mathrm{d}S_2}{\mathrm{d}t} = k_2\beta S_0 C - d_{21}S_2 + pd_{12}S_1 \\[2mm]
\dfrac{\mathrm{d}C}{\mathrm{d}t} = k_1 S_1 + k_2 S_2 - \delta C
\end{cases}
\tag{2.1}
$$

如果系统不存在合作竞争，则变成：

$$
\frac{\mathrm{d}S_0}{\mathrm{d}t} = 0, \quad \frac{\mathrm{d}S_1}{\mathrm{d}t} = 0, \quad \frac{\mathrm{d}S_2}{\mathrm{d}t} = 0, \quad \frac{\mathrm{d}C}{\mathrm{d}t} = 0
\tag{2.2}
$$

因此系统的合作竞争平衡点 $P^* = (S_0^*,\ S_1^*,\ S_2^*,\ C^*)$ 和无合作竞争平衡点 $P^0 = (S_0^0,\ 0,\ 0,\ 0)$ 由下列等式确定：

$$\begin{cases} (1-p)(d_{12}S_1 + d_{21}S_2) - (k_1 + k_2)\beta S_0 C = 0 \\ k_1\beta S_0 C - d_{12}S_1 + pd_{21}S_2 = 0 \\ k_2\beta S_0 C - d_{21}S_2 + pd_{12}S_1 = 0 \\ k_1 S_1 + k_2 S_2 - \delta C = 0 \end{cases} \quad (2.3)$$

所以当 $S_1 \neq 0$，$S_2 \neq 0$ 时，可以得到：

$$\begin{cases} S_0^* = \dfrac{d_{12}d_{21}\delta(1-p^2)}{\beta(d_{12}k_2(k_1p+k_2) + d_{21}k_1(k_1+k_2p))} \\ S_2^* = \dfrac{d_{12}(k_1p+k_2)}{d_{12}(k_1p+k_2)+d_{21}(k_1+k_2p)}\left(1 - \dfrac{d_{12}d_{21}\delta(1-p^2)}{\beta(d_{12}k_2(k_1p+k_2)+d_{21}k_1(k_1+k_2p))}\right) \\ C^* = \dfrac{d_{12}k_2(k_2+k_1p)+d_{21}k_1(k_1+k_2p)}{d_{12}(k_2+k_1p)\delta}S_2^* \\ S_1^* = \dfrac{d_{21}(k_1+k_2p)}{d_{12}(k_2+k_1p)}S_2^* \end{cases}$$

$$(2.4)$$

对于系统的合作竞争平衡点 $P^* = (S_0^*, S_1^*, S_2^*, C^*)$，必须保证 $S_2^* > 0$。由此可得出系统的合作竞争阈值：

$$R_0 = \frac{\beta(d_{12}k_2(k_1p+k_2) + d_{21}k_1(k_1+k_2p))}{d_{12}d_{21}\delta(1-p^2)} \quad (2.5)$$

由以上分析及证明可得：当合作竞争阈值 $R_0 < 1$ 时，系统只存在一个无合作竞争平衡点 $P^0 = (S_0^0, 0, 0, 0)$，且它是全局渐近稳定的；当合作竞争阈值 $R_0 > 1$ 时，系统存在一个合作竞争平衡点 $P^* = (S_0^*, S_1^*, S_2^*, C^*)$，且它是全局吸引的。算例分析亦可得并验证上述结论。[149]

由灵敏度分析可得：合作竞争阈值 R_0 随着参数 k_1、k_2 的增加而增加，随着参数 d_{12}、d_{21} 的增加而减少。当参数 (k_1, k_2) 以及 (d_{12}, d_{21}) 达到一定水平时，可使得合作竞争阈值 $R_0 > 1$，这说明适当增加合作意识或者减少竞争意识都可以使得两企业达到互利共赢。[149]

2.3 产业技术创新联盟面临多重风险

产业技术创新联盟与其他形式的联盟相比，面临着多重风险：联盟管理风险、技术创新风险、联盟参与方的机会主义风险，且风险程度更高。

2.3.1 联盟管理风险

产业技术创新联盟类似于一个大的技术创新项目或项目群组织。因而，项目管理中存在的风险在产业技术创新联盟管理中均可能出现。其管理风险主要来自九大领域（表2.2）。

表 2.2 项目管理领域中的潜在风险[137]

项目管理领域	风险情况
项目范围管理	糟糕的范围或工作包的定义、范围控制不充分等
项目时间管理	时间估计或资源可用性方面的错误等
项目成本管理	估算错误、不充足的成本、变更控制等
项目质量管理	对质量的糟糕态度、不符合标准的设计/材料/工艺等
项目人力资源管理	糟糕的冲突管理、糟糕的项目组织和职责定义、缺乏领导力等
项目沟通管理	缺乏与项目利益相关人的沟通等
项目风险管理	忽视风险、不清楚的风险识别、糟糕的风险应对管理等
项目采购管理	不清楚的合同条件或者条款，敌对的关系等
项目集成管理	不充分的规划、糟糕的资源配置、糟糕的集成管理等

而且，产业技术创新联盟涉及产、学、研、政、金等多个领域，参与成员更为复杂，成员之间的文化和利益差异更为突出（有追求经济利益的，有追求技术提升的，有追求组织声誉的，有谋求良好合作关系的等），管理风险和难度更大。

2.3.2 技术创新风险

技术创新风险是指由于创新项目本身的难度和复杂性、创新主体综合创新能力的制约及各种外部环境的不确定性，所导致的技术创新活动中止、失败或达不到预期技术经济指标，而造成损失的可能性。技术创新活动具有实验性，从其创新构思到研究开发到进入市场的过程中，各个阶段与环节都可能存在不确定性因素，从而呈现出高风险性。其中，技术风险是最主要的研发不确定因素之一，创新程度越高，不确定性就越大，风险就越大。Mansfield 通过对美国三个大公司的实证研究得出，技术创新项目的技术成功率为60%、商业成功率只有30%、经济成功率只有12%。世界各国技术创新的实践也表明，技术创新的成功率往往小于其失败率。高风险、高收益是技术创新的显著特征，技术创新的高风险性主要源于技术、市场、收益和制度环境的不确定性。高不确定性可导致企业的研发投资额降低 3.5 倍。[101,150-152]

产业技术创新联盟以国家重点领域、战略产业的重大技术创新需求为导向，致力于对产业发展中的共性、关键技术进行联合开发和创新，这就决定了其所需攻克的技术难度更高、风险更大（图 2.6）。

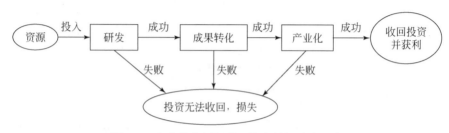

图 2.6　产业技术创新联盟技术创新活动风险

2.3.3　联盟参与方的机会主义风险

产业技术创新联盟联合技术创新活动的合作剩余既可以表现为市场经济效益的提升，也可以表现为产业技术创新能力、核心竞争力的提高等难以量化的社会效益，甚至难以区分哪些及有多少能力的提升是由联盟合作带来的。且这些能力的提升是长期的效益，短期无法完全显现和评估。因而，难以对联盟的合作利益进行精确量化，分配就难以做到合理，冲突在所难免。且产业技术创新联盟是由来自多个领域，利益、文化差异显著的有限理性的多成员组成的复杂组织。成员之间信息不对称、利益不一致，必然带来机会主义行为。在联盟组建阶段主要表现为"逆向选择"，在联盟运行中主要表现为"道德风险"等。机会主义严重破坏联盟的基础，进而影响联盟绩效，甚至会直接导致联盟失败。

而技术创新的高风险性、技术成果的非独占性、技术溢出效应等诸多特殊因素又决定了产业技术创新联盟多由政府推动，且政府对产业技术创新联盟提供了许多的扶持、优惠政策。这也在一定程度上提升了联盟成员"逆向选择""道德风险"的机会主义倾向。

2.4　产业技术创新联盟的激励问题

产业技术创新联盟有别于其他联盟的新特性和存在的高管理风险、高技术风险和高机会主义风险特质，必然导致其激励问题的特殊性。

2.4.1　产业技术创新联盟防"逆向选择"的激励问题

"逆向选择"在联盟组盟阶段非常普遍，且由于政府对产业技术创新联盟的大力推动和扶持，导致其"逆向选择"问题尤为突出。而盟员信息隐瞒的概率不会随合格标准的提高而降低，却会随盟主对其信任程度的提高而迅速提高。[56]因此，设计合理机制激励成员披露自己的真实信息，防止"逆向选择"，成为产业技术创新联盟成功的关键。

产业技术创新联盟由产业内龙头企业（或机构），或联合政府进行组建。对于由政府委托产业内龙头组织（产、学、研机构）牵头组建的产业技术创新联盟，一般由政府借助自身信息优势，依据产业内各机构的技术、资金、市场等信息选择出一个或几个龙头组织作为联盟组建者。在对联盟组建者的选择中一般不会出现"逆向选择"问题（但不能完全排除"寻租"行为，本书不做研究）。因此，产业技术创新联盟的"逆向选择"问题主要出现在组织者对其他成员的选择上。在组盟阶段的委托代理关系中，组织机构为委托人，其他入盟申请者为代理人。防"逆向选择"问题主要表现为如何设计进入规则来激励入盟申请者显示自己的真实能力，并激励高能力者积极加入联盟。

2.4.2　产业技术创新联盟防"道德风险"的激励问题

联盟成立后，产业内龙头机构在产业技术创新联盟中起主导作用但尚不具有完全谈判力。且为了实现产业重大技术创新，产业技术创新联盟的成员多为产业内各领域的领先者，可谓强强联合，构成了近似"平等型联盟"。虽然可能存在毫无谈判力的纯粹代理人，但不存在具有完全谈判力的绝对委托人，多数（或全部）成员既是委托人，又是代理人，他们之间形成互为委托代理关系。所有成员既有激励其他成员积极投入而使自己获得更多合作剩余的动力，又作为被激励对象而存在偷懒和搭便车的"道德风险"。只有靠相互激励来发展合作，共同创造出合作剩余，再根据协议来分配合作剩余。而联盟协议要通过谈判共同商定。在利益分配的谈判中，合作剩余、谈判威胁点、谈判力、加权因子（反映成员利益受到关注的程度，只能通过谈判来达成）、对联盟体的贡献、共谋（联盟内部分成员合谋导致利益分配失衡甚至联盟解体和失败）、分配方式等都会对分配结果产生影响。而产业技术创新联盟作为产学研多领域成员合作进行技术创新的合伙型自主工作团队，以提升国家自主创新能力、产业优化升级为战略目标，不但追求联盟的经济利益，也强调技术创新活动的综合社会效益。在利益分配中，更是要面对以上各个因素带来的诸多特殊问题。[39]

从本质上来看，产业技术创新联盟就相当于一个合伙型自主工作团队，每个成员都有偷懒或搭便车的动机。而政府作为联盟的推动者，并不参与联盟活动，不参与联盟合作剩余的分配，也不能等同于传统团队理论中引入的"榨取团队剩余的委托人"[87]来发挥作用。这就决定了在产业技术创新联盟中，成员的"道德风险"问题尤为突出。因此，产业技术创新联盟防"道德风险"主要体现在高风险下，产学研等不同领域成员如何通过谈判共同设计合理机制来激励成员以团队合作为基础，积极投入技术创新活动和分享创新知识，以实现联盟技术创新的目标。[39,85]

产业技术创新联盟在发展的不同阶段，其所面临的激励问题如表 2.3 所示。

表 2.3　产业技术创新联盟激励的相关问题

项目	委托代理关系	博弈关系	激励问题	激励关系
联盟组建阶段	委托人—组织者 代理人—入盟申请者	非合作博弈	防"逆向选择"	委托人激励代理人
联盟运行阶段	相互委托代理	合作博弈	防"道德风险"	相互激励

2.4.3　政府对产业技术创新联盟的激励问题

产业领域的战略性、技术创新的知识性、共性技术的公共性、关键技术创新的高风险性、技术创新溢出对产业带动作用所体现的社会效益，都决定了政府参与和支持、激励产业技术创新联盟发展的重要性。

从本质上来看，产业技术创新联盟是产学研联盟与产业联盟的结合体。

其组建初期既有自组织也有他组织形式，随着联盟的发展，权衡利弊，自组织形式应该是产业技术创新联盟提高主动创新能力和适应能力的合理选择。现实中虽然各级政府、各类产业技术创新联盟均强调要以市场为导向来组建和发展。但在实际运作中，政府的力量显然占了主导作用。产业技术创新联盟的发展呈现出政策化倾向而非市场化行为，其弊端是显而易见的。也在一定程度上提升了联盟成员"逆向选择""道德风险"的机会主义倾向。导致联盟过多、过大，运作中重宣传轻实践，华而不实、效率低下。那么，作为技术创新的主要推动和促进力量之一，政府该如何正确支持和激励产业技术创新联盟的健康高效发展，就成了亟待解决的关键问题。

作为一种新型合作技术创新组织，产业技术创新联盟是国家创新战略在产业层面的推进，是产业联盟与产学研联盟的结合体。产业技术创新联盟通过产学研等多领域合作实现重大产业技术创新，以带动整个产业的技术突破、优化升级，经济社会综合效益显著。产业技术创新联盟以技术为基础、以市场为导向，由政府、企业、高等院校、科研机构、风险投资机构、其他生产性服务机构等构成了包括研发、设计、生产、销售等环节紧密衔接的技术创新链。在产业技术创新联盟中，成员之间特别是作为技术创新主体的企业之间存在着竞争与合作并存的竞合关系，存在成员之间利益的不一致和信息的不对称。目标的特殊性、成员的多样性、信息的不对称、契约的不完备决定了产业技术创新联盟组织的复杂性、不稳定性和激励问题的特殊性，使其发展中面临的管理风险、技术创新风险、机会主义风险尤为突出。在这样的背景下，如何合理选择联盟伙伴并激励高能力者积极入盟，如何激励成员积极投入技术创新活动，如何合理发挥政府的支持和激励作用，促进其务实高效发展就成了亟待解决的关键问题。

第3章 产业技术创新联盟防"逆向选择"激励机制设计

本章针对产业技术创新联盟存在的高管理风险、高技术风险和高机会主义风险特质，基于项目管理理论、非合作博弈论、委托代理理论、激励机制设计理论等相关理论和方法，运用非合作博弈模型研究产业技术创新联盟组盟阶段防"逆向选择"的激励机制，促使入盟申请者披露自身真实能力并吸引高能力申请者积极入盟。然后运用算例对模型进行验证和讨论。[153]

3.1　问　题　描　述

假设某技术创新项目 W 由 n 个项目活动构成 $\left(W = \sum_{k=1}^{n} w_k \right)$，为便于管理和考核评价，每个项目活动可分解到可由一个成员独立完成。相应的产业技术创新联盟由 s 个成员组成，每一个成员可选择 $\chi (1 \leqslant \chi \leqslant n)$ 个项目活动。产业内 $v(1 \leqslant v \leqslant s)$ 个主导机构（企业或学研机构）形成联盟组织者 Z，其他盟员 $e_i (i = 1, 2, \cdots, s - v)$ 从 $A = \sum_{k=1}^{n} u_k$ 个申请者中选择。联盟组织者 Z 在主要技术或市场上具有绝对优势，是技术创新的主要力量，牵头组建产业技术创新联盟并负责选择其他成员；其他成员 e_i 则可能对某一个辅助技术或子市场具有优势，是技术创新的重要合作伙伴。

具体而言，对于任一成员 e_i，加入联盟可享受的收益有：优惠政策（可用于规避联盟风险或降低风险损失，也体现出政府支持的重要性）；参与联盟合作剩余分配。加入联盟需付出的代价有：联盟基金（用于联盟日常维护和协调工作，这对于产业技术创新联盟这类复杂联合体的正常运行是必要的）；投入资源参与技术创新活动。

由于产业技术创新联盟入盟申请者来自多个领域，组建者 Z 并不具备各

个入盟申请者 $a_{ki}(i=1,2,\cdots,u_k)$ 的真实能力信息 t_{ki} ，只有通过 a_{ki} 自报能力 q_{ki} 进行判断。为了激励 a_{ki} 如实显示其真实类型，即使得 $q_{ki} \rightarrow t_{ki}$ ，组建者 Z 基于入盟基金、政策优惠、收益分享等进行机制设计，制定出激励其他入盟申请者 a_{ki} 选择自己真实类型 t_{ki} 并激励高能力者积极入盟的博弈规则。其他成员 e_i 根据自己的私人信息 t_{ki} ，在满足参与约束和激励相容约束条件下，加入产业技术创新联盟，并参与技术创新资源投入和收益分享。

因而，产业技术创新联盟组盟阶段防 "逆向选择" 的激励问题可表述为：在联盟每个项目活动 w_k 所需投入 c_k 为共识的情况下，联盟组织者 Z 通过设计入盟规则——依据入盟申请者 a_{ki} 的自报能力 q_{ki} 决定是否入选及各自不予返还的入盟基金 f_{ki} 、入盟即可享受的优惠政策 m_{ki} ，依据 a_{ki} 实际能力 t_{ki} 决定联盟成功后可分享收益 r_{ki} ；设定每个项目活动 w_k 对应的入盟基金 f_k 、入盟即可享受的政策优惠 m_k 和联盟成功后可分享收益 r_k 基线。以激励入盟申请者 a_{ki} 主动披露真实能力（ $|q_{ki}-t_{ki}| \rightarrow 0$ ），防止出现 "逆向选择"，并激励高能力者积极入盟。

3.2 变 量 设 计

虽然技术创新风险很高，但产业技术创新联盟得到了政府的大力支持，预期加入联盟会给成员带来许多资源、信息和政策利益，因而可假设入盟申请者 a_{ki} 均为风险中性。模型中涉及的变量设计如下。

t_{ki} ：某入盟申请者 a_{ki} 的真实类型（胜任可能性），且这一数据入盟时只有他自己知道，但在后续的联盟活动中会表现出来， $0 \leqslant t_{ki} \leqslant 1$ ， t_{ki} 之间相互独立。

q_{ki} ：某入盟申请者 a_{ki} 向联盟报告的类型， $0 \leqslant q_{ki} \leqslant 1$ ，且 q_{ki} 之间及 q_{ki} 、 t_{ki} 之间相互独立。

θ_{ki} ：某入盟申请者 a_{ki} 的入盟可能性，与其上报能力 q_{ki} 正相关， $\theta_{ki}=gq_{ki}$ ，其中 g 为一常数。为简便起见，设 $g=1$ ，即 $\theta_{ki}=q_{ki}$ 。

p_{ki} ：某入盟申请者 a_{ki} 对联盟成功可能性的估计，与其真实能力 t_{ki} 正相关， $p_{ki}=ht_{ki}$ ，其中 h 为一常数。为简便起见，设 $h=1$ ，即 $p_{ki}=t_{ki}$ 。

f_{ki} ：项目活动 w_k 的入盟申请者 a_{ki} 入盟即须缴纳的不返还的入盟基金，以 f_k 为基准，与其上报能力 q_{ki} 正相关， $f_{ki}=q_k f_k$ 。

m_{ki}：项目活动 w_k 的入盟申请者 a_{ki} 入盟即可享受到的政策优惠，为一常数 m_k。

c_{ki}：某入盟申请者 a_{ki} 入盟后参与技术创新活动需投入的各种资源，以 c_k 为基准，与其真实能力 t_{ki} 正相关，$c_{ki} = t_{ki}c_k$。

r_{ki}：某入盟申请者 a_{ki} 在联盟成功后可分享的收益，以 r_k 为基准，与其真实投入正相关，故亦与其真实能力 t_{ki} 正相关，$r_{ki} = t_{ki}r_k$。

加入产业技术创新联盟的收益除了政策优惠和分享成功收益外，还有其他不易测的非经济收益。因而，可假设申请者的保留收益为 0。因入盟申请者 a_{ki} 为风险中性，故其加入联盟的决策主要受其期望收益 E_{ki} 的影响：

$$E_{ki} = \theta_{ki}[p_{ki}(m_{ki} + r_{ki} - f_{ki} - c_{ki}) + (1 - p_{ki})(m_{ki} - f_{ki} - c_{ki})] + (1 - \theta_{ki}) \cdot 0$$

$$\Rightarrow E_{ki} = t_{ki}^2 q_{ki} r_k + q_{ki} m_k - q_{ki}^2 f_k - t_{ki} q_{ki} c_k \qquad (3.1)$$

3.3　模型建立及求解

联盟组建者 Z 在满足参与约束和激励相容约束条件下对潜在合作伙伴 a_{ki} 进行激励，促使其自愿上报真实能力（$|q_{ki} - t_{ki}| \to 0$）并激励高能力者积极加入联盟。激励模型可表述为

$$\min |q_{ki} - t_{ki}| \qquad (3.2)$$

$$\text{s. t.} \ (\text{IR}) E_{ki} \geqslant 0$$

$$(\text{IC}) q_{ki} \in \text{argmax} E_{ki}(q_{ki}, t_{ki})$$

$$\frac{\partial E_{ki}}{\partial t_{ki}} \geqslant 0$$

所有变量均为非负实数，且 $0 \leqslant t_{ki} \leqslant 1$，$0 \leqslant q_{ki} \leqslant 1$

由式（3.1）分析可得 $\dfrac{\partial E_{ki}}{\partial q_{ki}} = r_k t_{ki}^2 + m_k - 2q_{ki}f_k - c_k t_{ki}$，$\dfrac{\partial^2 E_{ki}}{\partial q_{ki}^2} = -2f_k \leqslant 0$，即

相对于任一 t_{ki} 值，$E_{ki}(t_{ki}, q_{ki})$ 在 $q_{ki} = \dfrac{r_k t_{ki}^2 - c_k t_{ki} + m_k}{2f_k}$ 处取得极大值。因而，约束条件 $q_{ki} \in \text{argmax} E_{ki}(q_{ki}, t_{ki})$ 可转化为 $\dfrac{\partial E_{ki}}{\partial q_{ki}} = 0$，得

$$r_k t_{ki}^2 + m_k - 2f_k q_{ki} - c_k t_{ki} = 0 \qquad (3.3)$$

由约束条件 $E_{ki} \geqslant 0$ 及 $0 \leqslant q_{ki} \leqslant 1$，可得

$$r_k t_{ki}^2 + m_k - f_k q_{ki} - c_k t_{ki} \geqslant 0 \qquad (3.4)$$

可以看出，只要式（3.3）成立，则式（3.4）必定成立。且由约束条件 $\dfrac{\partial E_{ki}}{\partial t_{ki}} \geq 0$ 及 $0 \leq q_{ki} \leq 1$，可得

$$2r_k t_{ki} - c_k \geq 0 \Rightarrow t_{ki} \geq \frac{c_k}{2r_k} \tag{3.5}$$

因而，激励模型（3.2）可转化为在 $t_{ki} \geq \dfrac{c_k}{2r_k}$ 情况下，求

$$\min |q_{ki} - t_{ki}|$$
$$\text{s. t. } \frac{\partial E_{ki}}{\partial q_{ki}} = r_k t_{ki}^2 + m_k - 2f_k q_{ki} - c_k t_{ki} = 0 \tag{3.6}$$

所有变有变量均为非负，且 $0 \leq t_{ki} \leq 1$，$0 \leq q_{ki} \leq 1$

并且希望 $\min |q_{ki} - t_{ki}| \rightarrow 0$。

依据拉格朗日乘数法（Lagrange multiplier method），令

$$f(t_{ki},\ q_{ki}) = |q_{ki} - t_{ki}|$$
$$\phi(t_{ki},\ q_{ki}) = r_k t_{ki}^2 + m_k - 2f_k q_{ki} - c_k t_{ki} \tag{3.7}$$
$$F(t_{ki},\ q_{ki}) = f_{ki}(t_{ki},\ q_{ki}) + \lambda \cdot \phi_{ki}(t_{ki},\ q_{ki})$$

其中 λ 为某一常数。联立以下方程组：

$$\begin{cases} \dfrac{\partial F}{\partial q_{ki}} = 0 \\[2mm] \dfrac{\partial F}{\partial t_{ki}} = 0 \\[2mm] \phi(t_{ki},\ q_{ki}) = 0 \end{cases} \tag{3.8}$$

由式（3.5）和式（3.8）可以求得

$$t_{ki} = \frac{c_k + 2f_k}{2r_k} \tag{3.9}$$

$$q_{ki} = \frac{r_k t_{ki}^2 - c_k t_{ki} + m_k}{2f_k} = \frac{4f_k^2 - c_k^2 + 4r_k m_k}{8r_k f_k} \tag{3.10}$$

因所有变量均为非负实数，且 $0 \leq t_{ki} \leq 1$，$0 \leq q_{ki} \leq 1$，可得

$$m_k \leq r_k \tag{3.11}$$

$$f_k \leq \sqrt{r_k m_k} \tag{3.12}$$

$$\min \left\{ 2\sqrt{r_k m_k},\ 2r_k - 2f_k \right\} \geq c_k \tag{3.13}$$

$$4f_k^2 + 4r_km_k - 8r_kf_k \leqslant c_k^2 \tag{3.14}$$

$$|q_{ki} - t_{ki}| = \left| \frac{4r_km_k - (2f_k + c_k)^2}{8r_kf_k} \right| \tag{3.15}$$

由模型分析结果可知：对满足 $t_{ki} \geqslant \dfrac{c_k}{2r_k}$ 的任意 t_{ki}，$\dfrac{\partial E_{ki}}{\partial t_{ki}} \geqslant 0$ 恒成立；在满足式（3.9）~式（3.14）的条件下，由式（3.15）可知，当 $2\sqrt{r_km_k} - 2f_k \to c_k$ 时，$\min|q_{ki} - t_{ki}| \to 0$。可实现激励入盟申请者披露真实信息和高能力者积极入盟的目标。

3.4 模型结果分析及讨论

1. 模型结果分析

由上述模型求解结果可知，在产业技术创新联盟每个项目活动 w_k 所需投入 c_k 为共识的情况下，联盟组织者可通过设计入盟规则：依据入盟申请者 a_{ki} 自报能力 q_{ki} 决定是否入盟及各自不予返还的入盟基金 f_{ki}，入盟即可享受优惠政策 m_k，根据实际能力 t_{ki} 决定联盟成功后可分享收益 r_{ki}。设定 f_k、r_k 和 m_k 值，使其满足条件 $m_k \leqslant r_k$、$f_k \leqslant \sqrt{r_km_k}$、$c_k \leqslant \min\left\{2\sqrt{r_km_k}, 2r_k - 2f_k\right\}$、$4f_k^2 + 4r_km_k - 8r_kf_k \leqslant c_k^2$，便可激励风险中性的入盟申请者 a_{ki} 主动披露真实能力（$\min|q_{ki} - t_{ki}| \to 0$），防止出现"逆向选择"问题。且由 $t_{ki} \geqslant \dfrac{c_k}{2r_k}$ 即可实现 $\dfrac{\partial E_{ki}}{\partial t_{ki}} \geqslant 0$ 得出，组织者通过 r_k 值的巧妙设定，可实现能力愈高收益愈高的初衷，从而激励高能力者积极入盟，甚至可隐性地为入盟申请者 a_{ki} 设定能力门槛 t_{k0}（$t_{k0} = \dfrac{c_k}{2r_k}$，$t_{ki} \geqslant t_{k0}$）。

2. 讨论

由模型分析过程可看出，此激励机制只有对 $t_{ki} = \dfrac{2f_k + c_k}{2r_k} \geqslant \dfrac{c_k}{2r_k}$ 的入盟申请者才能达到激励效果。而对于任意能力（$t_{ki} \in [0, 1]$）的入盟申请者，

有 $t_{ki} < \dfrac{c_k}{2r_k} \Rightarrow \dfrac{\partial E_{kij}}{\partial t_{ki}} < 0$ ，$t_{ki} \geqslant \dfrac{c_k}{2r_k} \Rightarrow \dfrac{\partial E_{kij}}{\partial t_{ki}} \geqslant 0$ 。即入盟申请者的收益随着其真实

能力的提高而先减后增，有可能使得一些能力极低 $t_{k0} \ll \dfrac{c_k}{2r_k}$ 的申请者入盟收

益和积极性反而极高，这与联盟伙伴选择的初衷是相悖的，也是对产业技术

创新联盟的健康发展和产业技术创新目标实现极为不利的。因此，在组织者

对申请者 a_{ki} 真实能力 t_{ki} 未知的情况下，如何实现条件 $t_{ki} = \dfrac{2f_k + c_k}{2r_k} \geqslant \dfrac{c_k}{2r_k}$ 是个

非常棘手的问题。此问题又涉及两个方面：

1）如何排除 $t_{ki} < t_{k0} = \dfrac{c_k}{2r_k}$ 的申请者，在 $t_{ki} \geqslant t_{k0}$ 的申请者中实施激励并择

优而盟？

可将上述问题转化为如何确定 t_{k0} 并将其引入到激励机制中发挥作用。通

过预设评估机制，可确定 t_{k0} 值。评估者可为联盟组织者、专业评估机构或其

他。用 A 表示入盟申请者 a_{ki} 的真实能力，B 表示评估者对 a_{ki} 真实能力的评

估；A^-、A^+ 分别表示 a_{ki} 的真实能力 t_{ki} 低于、不低于 t_{k0}；B^-、B^+ 分别表示评估

者对 a_{ki} 真实能力的评估值 π_{ki} 低于、不低于 t_{k0}。设 $p(A^-) = \xi$、$p(B^-/A^-) =$

η、$p(B^+/A^+) = \delta$。依实践经验，能力较差者较易识别：

$$p(B^-/A^-) = \eta \to 1 \tag{3.16}$$

则可以证明：

$$\lim_{\eta \to 1} p(A^+/B^+) = 1 \tag{3.17}$$

即可据此直接在 $\pi_{ki} \geqslant t_{k0}$ 的申请者中实施激励并择优而盟。但这种方法

可能依概率 $p(A^+/B^-) = \dfrac{1 - \xi - \delta + \xi\delta}{1 - \xi - \delta + \xi\delta + \xi\eta}$ 错失一部分 $t_{ki} \geqslant t_{k0}$ 的申请者，或

依概率 $p(A^-/B^+) = \dfrac{\xi - \xi\eta}{\xi + \delta - \xi\delta - \xi\eta}$ 而吸收了 $t_{ki} < t_{k0}$ 的申请者。今后研究仍需

作进一步改进。

2）在 $t_{ki} \geqslant t_{k0} = \dfrac{c_k}{2r_k}$ 的申请者中，对于 $t_{ki} \neq \dfrac{2f_k + c_k}{2r_k}$ 的入盟申请者如何激

励其披露真实能力？

由模型分析可得出，当 $t_{ki} = \dfrac{2f_k + c_k}{2r_k}$ 时，入盟申请者在自利驱动

下 $\left(\dfrac{\partial E_{ki}}{\partial q_{ki}} = 0\right)$：

$$2\sqrt{r_k m_k} - 2f_k \to c_k^{\pm 0} \Leftrightarrow q_{ki} \to t_{ki}^{\pm 0} \qquad (3.18)$$

当 $2\sqrt{r_k m_k} - 2f_k = c_k$ 时，入盟申请者上报真实能力；当 $2\sqrt{r_k m_k} - 2f_k > c_k$ 时，入盟申请者上报能力倾向于虚高；当 $2\sqrt{r_k m_k} - 2f_k < c_k$ 时，入盟申请者上报能力倾向于虚低；且 $2\sqrt{r_k m_k} - 2f_k$ 偏离 c_k 越多，虚报越严重。

而对于绝大多数 $t_{ki} \neq \dfrac{2f_k + c_k}{2r_k}$ 的入盟申请者该如何激励？或者说，在不知道入盟申请者真实能力 t_{ki} 的情况下，如何通过一种机制对所有申请者进行激励？本书将借助以下算例分析加以讨论。

3.5 算 例 分 析

设技术创新项目活动 w_k 所需的资源投入 $c_k = 50$，此为共识。联盟组织者（或借助评估机构）依据实践经验，对低于 $t_{k0} = 0.4$ 的能力评估较有把握，即依式（3.17），只对 $\pi_{ki} \geq 0.4$ 的入盟申请者进行激励并择优而盟。在满足 $m_k \leq r_k$、$f_k \leq \sqrt{r_k m_k}$、$c_k \leq \min\left\{2\sqrt{r_k m_k},\ 2r_k - 2f_k\right\}$、$4f_k^2 + 4r_k m_k - 8r_k f_k \leq c_k^2$、$t_{ki} \geq t_{k0} = \dfrac{c_k}{2r_k}$、$0 \leq t_{ki} \leq 1$、$0 \leq q_{ki} \leq 1$ 的条件下，设定每个项目活动 w_k 对应的政策优惠 m_k、入盟基金 f_k、成功后可分享收益 r_k。并假设各种能力水平的入盟申请者 a_{ki} 在自利驱动下 $\left(q_{ki} = \dfrac{r_k t_{ki}^2 - c_k t_{ki} + m_k}{2f_k},\ \dfrac{\partial E_{ki}}{\partial q_{ki}} = 0\right)$ 来决策和行动。通过算例分析可得表 3.1 ~ 表 3.3 和图 3.1 ~ 图 3.4。

表 3.1　$2\sqrt{r_k m_k} - 2f_k < c_k$ 时，各指标值随 t_{ki} 的变化

t_{ki}	0	0.1	0.2	0.3	0.4	0.5	0.6	0.7	0.8	0.9	1
q_{ki}	0.75	0.63	0.54	0.49	0.47	0.49	0.54	0.63	0.75	0.9	1
$q_{ki} - t_{ki}$	0.75	0.53	0.34	0.19	0.07	−0.01	−0.06	−0.07	−0.05	0	0
E_{ki}	10.1	7.12	5.3	4.33	4.03	4.33	5.3	7.12	10.1	14.8	21.45
$\dfrac{\partial E_{ki}}{\partial t_{ki}}$	−37	−23	−13	−6.1	0	6.1	13.5	23.5	37.3	56.3	75

注：设 $c_k = 50$、$r_k = 62.5$、$m_k = 27.12$、$f_k = 18.17$

表 3.2　$2\sqrt{r_k m_k}-2f_k=c_k$ 时，各指标值随 t_{ki} 的变化

t_{ki}	0	0.1	0.2	0.3	0.4	0.5	0.6	0.7	0.8	0.9	1
q_{ki}	0.85	0.71	0.6	0.54	0.52	0.54	0.6	0.71	0.85	1	1
$q_{ki}-t_{ki}$	0.85	0.61	0.4	0.24	0.12	0.04	0	0.01	0.05	0.1	0
E_{ki}	10.9	7.51	5.46	4.39	4.06	4.39	5.46	7.51	10.9	16.2	23.1
$\dfrac{\partial E_{ki}}{\partial t_{ki}}$	−43	−27	−15	−6.8	0	6.76	15.1	26.5	42.7	62.5	75

注：设 $c_k=50$、$r_k=62.5$、$m_k=25.6$、$f_k=15$

表 3.3　$2\sqrt{r_k m_k}-2f_k>c_k$ 时，各指标值随 t_{ki} 的变化

t_{ki}	0	0.1	0.2	0.3	0.4	0.5	0.6	0.7	0.8	0.9	1
q_{ki}	0.92	0.78	0.69	0.63	0.61	0.63	0.69	0.78	0.92	1	1
$q_{ki}-t_{ki}$	0.92	0.68	0.49	0.33	0.21	0.13	0.09	0.08	0.12	0.1	0
E_{ki}	13.9	10.2	7.86	6.62	6.23	6.62	7.86	10.2	13.9	19.4	26.3
$\dfrac{\partial E_{ki}}{\partial t_{ki}}$	−46	−29	−17	−7.9	0	7.92	17.3	29.4	45.9	62.5	75

注：设 $c_k=50$、$r_k=62.5$、$m_k=30.29$、$f_k=16.51$

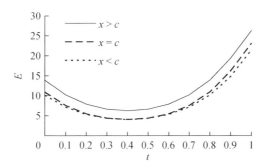

图 3.1　E^{ki} 随 t_{ki}，$x=2\sqrt{r_k m_k}-2f_k$ 的变化

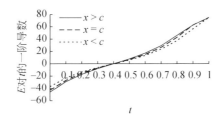

图 3.2　$\dfrac{\partial E_{ki}}{\partial t_{ki}}$ 随 t_{ki}，$x=2\sqrt{r_k m_k}-2f_k$ 的变化

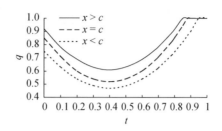

图 3.3　q_{ki} 随 t_{ki}，$x = 2\sqrt{r_k m_k} - 2f_k$ 的变化

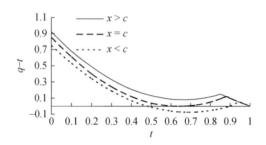

图 3.4　$q_{ki} - t_{ki}$ 随 t_{ki}，$x = 2\sqrt{r_k m_k} - 2f_k$ 的变化

可见，在满足条件 $m_k \leqslant r_k$，$f_k \leqslant \sqrt{r_k m_k}$，$c_k \leqslant \min\left\{2\sqrt{r_k m_k},\ 2r_k - 2f_k\right\}$、$4f_k^2 + 4r_k m_k - 8r_k f_k \leqslant c_k^2$ 和入盟规则前提下，可得出并验证以下结论。

结论 1：$(2\sqrt{r_k m_k} - 2f_k)\uparrow \Rightarrow E_{ki}\uparrow$，即入盟申请者的入盟积极性与 $2\sqrt{r_k m_k} - 2f_k$ 呈正向关系。$t_{ki} \leqslant t_{k0} = \dfrac{c_k}{2r_k} \Rightarrow \dfrac{\partial E_{kij}}{\partial t_{ki}} \leqslant 0$，对能力低于 $t_{k0} = \dfrac{c_k}{2r_k}$ 的申请者，能力越低的申请者入盟积极性越高；$t_{ki} \geqslant t_{k0} \Rightarrow \dfrac{\partial E_{kij}}{\partial t_{ki}} \geqslant 0$，对能力高于 $t_{k0} = \dfrac{c_k}{2r_k}$ 的申请者，能力越高的申请者入盟积极性越高。

结论 2：$(2\sqrt{r_k m_k} - 2f_k)\uparrow \Rightarrow q_{ki}\uparrow$，即入盟申请者的上报能力与 $2\sqrt{r_k m_k} - 2f_k$ 呈正向关系。$t_{ki} \leqslant t_{k0} = \dfrac{c_k}{2r_k}$，$t_{ki}\uparrow \Rightarrow q_{ki}\downarrow$，对能力低于 $t_{k0} = \dfrac{c_k}{2r_k}$ 的申请者，能力越低的入盟申请者上报能力越高；$t_{ki} \geqslant t_{k0} = \dfrac{c_k}{2r_k}$，$t_{ki}\uparrow \Rightarrow q_{ki}\uparrow$，对能力高于 $t_{k0} = \dfrac{c_k}{2r_k}$ 的申请者，能力越高的申请者上报能力越高。

结论3：$2\sqrt{r_k m_k} - 2f_k \geqslant c_k \Rightarrow q_{ki} - t_{ki} \geqslant 0$，即当 $2\sqrt{r_k m_k} - 2f_k \geqslant c_k$ 时，入盟申请者倾向于虚报高能力。且 $2\sqrt{r_k m_k} - 2f_k$ 越高，或入盟申请者的真实能力 t_{ki} 偏离 $\dfrac{2f_k + c_k}{2r_k}$ 越多，则虚报高能力的问题越严重。但是因虚报是有限度的（$0 \leqslant q_{ki} \leqslant 1$），当 $2\sqrt{r_k m_k} - 2f_k \geqslant 2\sqrt{r_k m_k} - r_k t_{ki}^2 + c_k t_{ki} - m_k$ 或 $t_{ki} \geqslant \dfrac{c_k + \sqrt{c_k^2 - 4r_k m_k + 8r_k f_k}}{2r_k}$ 后，因 $q_{ki} = 1$，虚报空间反而不断下降。

结论4：当 $2\sqrt{r_k m_k} - 2f_k < c_k$，且 $t_{ki} \leqslant \dfrac{(2f_k + c_k) - \sqrt{(2f_k + c_k)^2 - 4r_k m_k}}{2r_k}$ 或 $t_{ki} \geqslant \dfrac{(2f_k + c_k) + \sqrt{(2f_k + c_k)^2 - 4r_k m_k}}{2r_k}$ 时，入盟申请者倾向于虚报高能力（$q_{ki} - t_{ki} \geqslant 0$）。且 $2\sqrt{r_k m_k} - 2f_k$ 越高，或入盟申请者的真实能力 t_{ki} 偏离 $\dfrac{(2f_k + c_k) \pm \sqrt{(2f_k + c_k)^2 - 4r_k m_k}}{2r_k}$ 越多，则虚报高能力的问题越严重。同理，当 $2\sqrt{r_k m_k} - 2f_k \geqslant 2\sqrt{r_k m_k} - r_k t_{ki}^2 + c_k t_{ki} - m_k$ 或 $t_{ki} \geqslant \dfrac{c_k + \sqrt{c_k^2 - 4r_k m_k + 8r_k f_k}}{2r_k}$ 后，因 $q_{ki} = 1$，虚报空间反而不断下降。

结论5：当 $2\sqrt{r_k m_k} - 2f_k < c_k$ 且 $\dfrac{(2f_k + c_k) - \sqrt{(2f_k + c_k)^2 - 4r_k m_k}}{2r_k} \leqslant t_{ki} \leqslant \dfrac{(2f_k + c_k) + \sqrt{(2f_k + c_k)^2 - 4r_k m_k}}{2r_k}$ 时，入盟申请者倾向于虚报低能力（$q_{ki} - t_{ki} \leqslant 0$）。且 $2\sqrt{r_k m_k} - 2f_k$ 越低，或入盟申请者的真实能力 t_{ki} 偏离 $\dfrac{(2f_k + c_k) \pm \sqrt{(2f_k + c_k)^2 - 4r_k m_k}}{2r_k}$ 越多，则虚报低能力的问题越严重。

结论6：当 $2\sqrt{r_k m_k} - 2f_k = c_k$ 且 $t_{ki} = \dfrac{2f_k + c_k}{2r_k}$，或 $2\sqrt{r_k m_k} - 2f_k < c_k$ 且 $t_{ki} = \dfrac{(2f_k + c_k) \pm \sqrt{(2f_k + c_k)^2 - 4r_k m_k}}{2r_k}$ 时，入盟申请者上报真实能力（$q_{ki} = t_{ki}$）。

3.6　本　章　小　结

伙伴选择是否恰当成为联盟成功与否的关键。本章基于对产业技术创新联盟的特性分析，对其组盟阶段存在的"逆向选择"问题展开研究。研究基于项目管理理论、非合作博弈论、委托代理理论、激励机制设计理论和方法，首先设计入盟规则：依据入盟申请者自报能力决定是否入盟及各自不予返还的入盟基金，入盟即可享受优惠政策，依据实际能力决定联盟成功后可分享收益。然后构建非合作博弈模型并进行分析，并运用算例对模型进行讨论和验证。

研究得出结论：在联盟技术创新项目每个活动所需投入（c_k）为共识，联盟组织者无法事先得知入盟申请者真实能力的情况下，通过对每个项目活动对应的入盟基金（f_k）、入盟后可享受的优惠政策（m_k）和成功后可分享收益（r_k）设定范围，使它们满足一定数量关系$\left(m_k \leq r_k , f_k \leq \sqrt{r_k m_k} , c_k \leq \min\{2\sqrt{r_k m_k}, 2r_k - 2f_k\} , 4f_k^2 + 4r_k m_k - 8r_k f_k \leq c_k^2 , (2\sqrt{r_k m_k} - 2f_k) \to c_k \right)$，即可激励风险中性的入盟申请者主动披露真实能力，防范"逆向选择"问题；通过对入盟申请者能力的预评估和成功后可分享收益值的巧妙设定，可隐性地为产业技术创新联盟设定能力门槛，并激励高能力者积极入盟。

第4章 产业技术创新联盟防"道德风险"激励机制设计

本章针对产业技术创新联盟存在的高管理风险、高技术风险和高机会主义风险特质，基于项目管理理论、合作博弈论、互为委托代理理论、团队生产理论、激励机制设计理论等相关理论和方法，基于合作博弈，构建产业技术创新联盟运行阶段防"道德风险"的相互激励模型，促使盟员积极投入技术创新活动、分享创新知识。然后运用算例对模型进行验证和讨论。[154]

4.1 问 题 描 述

假设某技术创新项目 W 由 n 个活动构成 $\left(W = \sum_{k=1}^{n} w_k \right)$，为便于管理和考核评价，每个项目活动可分解到由一个成员独立完成。相应的产业技术创新联盟由 s 个成员组成，每一个成员可选择 $\chi(1 \leqslant \chi \leqslant n)$ 个项目活动。成员之间是相互委托代理关系，在综合考虑各成员实际投入、贡献、承担风险、谈判力、防共谋等因素的基础上，通过谈判来确定利益分享机制以激励成员积极投入技术创新活动。

具体而言，对于任一成员 e_i，可享受的收益有：入盟即可享受的优惠政策；分享知识及联盟成功后分享产出等。需付出的代价有：入盟即需缴纳的不返还的联盟基金；技术创新活动投入及分享创新知识投入；承担技术创新活动各项风险。

各项目活动 w_k 所需的资源投入 c_k 由产业技术创新联盟（或借助评估机构）进行估算，每个项目活动 w_k 对应的入盟基金 f_k、入盟即可享受的政策优惠 m_k 为入盟时即已既定，创新投入和收益分配以项目活动为核算单位，作为成员参与技术创新活动的依据。

因而，产业技术创新联盟防"道德风险"激励问题可表述为：在联盟产出与成本基数、收益不确定程度及各成员需缴纳的入盟基金、可享受的政策优惠、谈判力为共识，各成员风险规避度和谈判威胁点为私人信息的情况下，通过谈判共同决策成员的产出分享比例和加权因子，以促进各成员积极投入创新活动并促进联盟整体福利不断增大。

4.2 变量设计

产业技术创新联盟成员需承担来自技术失败、市场波动、合作失败、其他成员机会主义行为及联盟内部运行管理等各种风险。特别是产业技术创新联盟以重点领域、战略产业的重大技术创新需求为导向，致力于对产业发展中的共性、关键技术进行开发和创新，其所需攻克的技术难度更高、风险更大。因此，虽然在组盟阶段，为了能够加入产业技术创新联盟而获得技术分享和政策优惠等更多非经济利益，入盟申请者倾向于风险中性。一旦加入联盟后，技术分享和政策优惠等成为既定利益，成员变得更加关注联盟技术创新本身的诸多风险，因而倾向于风险厌恶型。模型中涉及的其他变量设计如下。

f_i：成员 e_i 需缴纳的入盟基金效用，f_i 之间相互独立。

m_i：成员 e_i 可享受的政策优惠效用，m_i 之间相互独立。

π：联盟产出基数。

π_i：成员 e_i 的产出效用，包括技术创新的效益产出和知识产出。

c：联盟成本基数。

c_i：成员 e_i 的成本效用，包括技术创新成本和知识共享成本。

ε：效用的随机干扰因素，服从 $(0, \sigma)$ 的正态分布。

ϕ_i：成员 e_i 的产出分享比例，$\sum_{i=1}^{s} \phi_i = 1$。

α_i：成员 e_i 投入技术创新活动的努力程度，α_i 之间相互独立。

ρ_i：成员 e_i 的风险系数，采用 Arrow-Pratt 绝对风险规避度。$\rho_i > 0$ 表示成员 e_i 是风险厌恶的，$\rho_i = 0$ 表明风险中性，$\rho_i < 0$ 表明风险偏好。ρ_i 之间相互独立。

γ_i：成员 e_i 的风险成本。

ω_i：成员 e_i 的总效用。

ω_i^0：成员 e_i 的谈判威胁点，$\omega_i^0 = \max\{$不联盟效用，共谋效用$\}$。

τ_i：成员 e_i 的加权因子，$\sum_{i=1}^{s}\tau_i = 1$。

z：目标函数。

对风险厌恶型成员，有：$\dfrac{\partial \pi_i}{\partial \alpha_i} \geq 0$，$\dfrac{\partial^2 \pi_i}{\partial \alpha_i^2} < 0$；$\dfrac{\partial c_i}{\partial \alpha_i} \geq 0$，$\dfrac{\partial^2 c_i}{\partial \alpha_i^2} > 0$；$\rho_i > 0$。因而，可假设变量之间存在以下关系：$\pi_i = 2\phi_i\pi\sqrt{\alpha_i} + \varepsilon$；$c_i = \dfrac{1}{2}c\alpha_i^2$；$\gamma_i = \dfrac{1}{2}\sigma^2\rho_i\phi_i^2$。得出成员 e_i 的总效用为

$$
\begin{aligned}
\omega_i &= \pi_i + m_i - c_i - f_i - \gamma_i + \varepsilon \\
&= 2\phi_i\pi\sqrt{\alpha_i} + m_i - \frac{1}{2}c\alpha_i^2 - f_i - \frac{1}{2}\sigma^2\rho_i\phi_i^2 + \varepsilon
\end{aligned}
\tag{4.1}
$$

4.3　模型构建

产业技术创新联盟中因不存在具有绝对谈判力的委托人，因而不宜采取独裁解的分配方式。但可能存在毫无谈判力的纯粹代理人，成员之间的贡献、实力等差距还是较大的，因而均等解的分配方式亦不宜采用。依据效率与公平相结合的原则，本章以纳什福利函数最大化为联盟目标。在综合考虑各成员实际投入、贡献、承担风险、谈判力、防共谋等因素的基础上，设计利益分配机制以激励成员积极投入技术创新活动并与盟友分享知识。相互激励的合作博弈模型可表述为[155]

$$
\max z = \prod_{i=1}^{s}(\omega_i - \omega_i^0)^{\tau_i}
\tag{4.2}
$$

$$
\text{s. t.　(CP)}\ \omega_i \geq \omega_i^0
\tag{4.3}
$$

$$
\text{(IR)}\ \alpha_i \in \arg\max(\omega_i - \omega_i^0)
\tag{4.4}
$$

$$
\text{(BB)}\ \sum_{i=1}^{s}\phi_i = 1
\tag{4.5}
$$

$$
\sum_{i=1}^{s}\tau_i = 1
\tag{4.6}
$$

所有变量均为非负实数，且 $0 < \phi_i < 1$，$0 \leq \tau_{ki} \leq 1$

令 $\Delta\omega_i = \omega_i - \omega_i^0$，由 $\dfrac{\partial \Delta\omega_i}{\partial \alpha_i} = \dfrac{\phi_i \pi}{\sqrt{\alpha_i}} - c\alpha_i$，$\dfrac{\partial^2 \Delta\omega_i}{\partial \alpha_i^2} = -\dfrac{\phi_i \pi}{2\sqrt{\alpha_i^3}} - c < 0$ 可知，对

于任意 α_i，当 α_i 的取值使得 $\dfrac{\partial \Delta\omega_i}{\partial \alpha_i} = 0$ 时，$\Delta\omega_i$ 取得极大值。因此，式（4.4）

可转化为 $\dfrac{\partial \Delta\omega_i}{\partial \alpha_i} = \dfrac{\phi_i \pi}{\sqrt{\alpha_i}} - c\alpha_i = 0$，解得

$$\alpha_i = \left(\frac{\pi\phi_i}{c}\right)^{2/3} \tag{4.7}$$

将式（4.7）代入式（4.1），可得

$$\Delta\omega_i = \frac{3}{2}\frac{(\pi\phi_i)^{4/3}}{c^{1/3}} - \frac{1}{2}\rho_i\sigma^2\phi_i^2 + m_i - f_i - \omega_i^0 + \varepsilon \tag{4.8}$$

令 $g = \ln z = \sum_{i=1}^{s}\tau_i \ln\Delta\omega_i$。结合式（4.3），可将式（4.2）和式（4.3）转

化为

$$\max g = \sum_{i=1}^{s}\tau_i \ln\Delta\omega_i \tag{4.9}$$

因此，模型可简化为

$$\max g = \sum_{i=1}^{s}\tau_i \ln\Delta\omega_i \tag{4.10}$$

$$\text{s.t. } \sum_{i=1}^{s}\phi_i = 1$$

$$\sum_{i=1}^{s}\tau_i = 1$$

所有变量均为非负实数，且 $0 < \phi_i < 1$，$0 \leqslant \tau_{ki} \leqslant 1$

4.4 模型分析与讨论

4.4.1 成员努力程度的变化趋势

由式（4.7）$\alpha_i = \left(\dfrac{\pi\phi_i}{c}\right)^{2/3}$ 可知，成员 e_i 的努力程度 α_i 会随着 ϕ_i、π 的增

加而提高，随着 c 的增加而降低。即联盟产出基数越大或成本基数越小，成员得到的产出分享比例越高，都会激励成员越发努力地投入技术创新活动，

积极投入创新资源、积极分享创新知识和信息。

4.4.2 成员效用的变化趋势

1. 模型分析

由式（4.1）和式（4.8）可得出：

$$\frac{\partial \Delta \omega_i}{\partial m_i} = 1 > 0 \; ; \; \frac{\partial \Delta \omega_i}{\partial \pi} = 2 \frac{\pi^{1/3} \phi_i^{4/3}}{c^{1/3}} > 0 \; ; \; \frac{\partial \Delta \omega_i}{\partial f_i} = -1 < 0 \; ;$$

$$\frac{\partial \Delta \omega_i}{\partial \omega_i^0} = -1 < 0 \; ; \; \frac{\partial \Delta \omega_i}{\partial \rho_i} = -\frac{1}{2}\sigma^2 \phi_i^2 < 0 \; ; \; \frac{\partial \Delta \omega_i}{\partial \sigma} = -\sigma \rho_i \phi_i^2 < 0 \; ;$$

$$\frac{\partial \Delta \omega_i}{\partial c} = -\frac{1}{2}\left(\frac{\pi \phi_i}{c}\right)^{4/3} < 0 \; ; \; \frac{\partial \Delta \omega_i}{\partial \alpha_i} = \frac{\phi_i \pi}{\sqrt{\alpha_i}} - c \alpha_i \; , \; \frac{\partial^2 \Delta \omega_i}{\partial \alpha_i^2} = -\frac{\phi_i \pi}{2\sqrt{\alpha_i^3}} - c < 0 \; ;$$

$$\frac{\partial \Delta \omega_i}{\partial \phi_i} = 2 \frac{\pi^{4/3} \phi_i^{1/3}}{c^{1/3}} - \sigma^2 \rho_i \phi_i \; , \; \frac{\partial^2 \Delta \omega_i}{\partial \phi_i^2} = \frac{2\pi^{4/3}}{3c^{1/3} \phi_i^{2/3}} - \sigma^2 \rho_i \; 。$$

分析可得：成员 e_i 的个体效用 $\Delta \omega_i$ 会随着 m_i、π 的增加而增加，随着 f_i、ω_i^0、ρ_i、σ、c 的增加而减少，随着 α_i 先增后减（当 $\alpha_i = \left(\frac{\pi \phi_i}{c}\right)^{2/3}$ 时取得极大值），与 ϕ_i 的关系暂不能确定。

2. 讨论

由 $\frac{\partial \Delta \omega_i}{\partial \phi_i} = 2 \frac{\pi^{4/3} \phi_i^{1/3}}{c^{1/3}} - \sigma^2 \rho_i \phi_i = 0 \Rightarrow \phi_i^0 = \frac{2^{3/2} \pi^2}{\sigma^3 c^{1/2} \rho_i^{3/2}}$ 为驻点。且当 $\phi_0 < \phi_i^0$

时，$\frac{\partial \Delta \omega_i}{\partial \phi_i} > 0$；当 $\phi_0 > \phi_i^0$ 时，$\frac{\partial \Delta \omega_i}{\partial \phi_i} < 0$。

$\frac{\partial^2 \Delta \omega_i}{\partial \phi_i^2} = \frac{2\pi^{4/3}}{3c^{1/3} \phi_i^{2/3}} - \sigma^2 \rho_i \Rightarrow \phi_i' = \frac{2^{3/2} \pi^2}{3^{3/2} \sigma^3 c^{1/2} \rho_i^{3/2}}$ 为拐点。

显然，$\phi_i' < \phi_i^0$。因此可得出，成员 e_i 的效用 $\Delta \omega_i$ 随着产出分享比例 ϕ_i 的提高先增后减，$\phi_i \uparrow \Rightarrow \Delta \omega_i \uparrow \downarrow$。当 $\phi_i = \phi_i^0$ 时，$\Delta \omega_i$ 取得极大值。ϕ_i' 则为 $\Delta \omega_i$ 随着分享比例 ϕ_i 增长过程中由快速到慢速增长的拐点，且拐点和驻点随着成员风险规避度的提高而减小。进一步分析可得

当 $\rho_i \leqslant \frac{2\pi^{4/3}}{3\sigma^2 c^{1/3}}$ 时，$\phi_i \uparrow \Rightarrow \Delta \omega_i \uparrow$，$\frac{\partial \Delta \omega_i}{\partial \phi_i} \uparrow$；

当 $\dfrac{2\pi^{4/3}}{3\sigma^2 c^{1/3}} < \rho_i < \dfrac{2\pi^{4/3}}{\sigma^2 c^{1/3}}$ 时, $\phi_i \uparrow \Rightarrow \Delta\omega_i \uparrow$, $\dfrac{\partial\Delta\omega_i}{\partial\phi_i} \uparrow \downarrow$;

当 $\rho_i \geqslant \dfrac{2\pi^{4/3}}{\sigma^2 c^{1/3}}$ 时, $\phi_i \uparrow \Rightarrow \Delta\omega_i \uparrow \downarrow$, $\dfrac{\partial\Delta\omega_i}{\partial\phi_i} \uparrow \downarrow$ 。

对于风险规避度越高的成员,增加产出分享比例对其个体效用增加的贡献越小。

4.4.3 联盟总福利的变化趋势

1. 模型分析

由式 (4.9) $\max g = \sum\limits_{i=1}^{s} \tau_i \ln\Delta\omega_i$,可得出:

$$\frac{\partial g}{\partial m_i} = \frac{\tau_i}{\Delta\omega_i} > 0 \; ; \quad \frac{\partial g}{\partial\Delta\omega_i} = \frac{\tau_i}{\Delta\omega_i} > 0 \; ; \quad \frac{\partial g}{\partial\pi} = \sum_{i=1}^{s} \frac{2\tau_i}{\Delta\omega_i} \frac{\pi^{1/3}\phi_i^{4/3}}{c^{1/3}} > 0 \; ;$$

$$\frac{\partial g}{\partial c} = -\sum_{i=1}^{s} \frac{\tau_i}{2\Delta\omega_i} \cdot \left(\frac{\pi\phi_i}{c}\right)^{4/3} < 0; \quad \frac{\partial g}{\partial\sigma} = -\sum_{i=1}^{s} \frac{\tau_i\sigma\rho_i\phi_i^2}{\Delta\omega_i} < 0; \quad \frac{\partial g}{\partial\rho_i} = -\frac{\tau_i\sigma^2\phi_i^2}{2\Delta\omega_i} < 0;$$

$$\frac{\partial g}{\partial f_i} = \frac{-\tau_i}{\Delta\omega_i} < 0 \; ; \quad \frac{\partial g}{\partial\omega_i^0} = \frac{-\tau_i}{\Delta\omega_i} < 0 \; ; \quad \frac{\partial g}{\partial\alpha_i} = \frac{\tau_i}{\Delta\omega_i} \cdot \frac{\partial\omega_i}{\partial\alpha_i} \; ,$$

$$\frac{\partial^2 g}{\partial\alpha_i^2} = \frac{\tau_i}{\Delta\omega_i} \cdot \frac{\partial^2\omega_i}{\partial\alpha_i^2} - \frac{\tau_i}{(\Delta\omega_i)^2} \cdot \left(\frac{\partial\omega_i}{\partial\alpha_i}\right)^2 < 0 \; ;$$

$$\frac{\partial g}{\partial\tau_i} = \ln\frac{\Delta\omega_i}{\Delta\omega_j}(j \neq i) \; ; \quad \frac{\partial g}{\partial\phi_i} = \frac{\tau_i}{\Delta\omega_i} \cdot \frac{\partial\Delta\omega_i}{\partial\phi_i} - \frac{\tau_j}{\Delta\omega_j} \cdot \frac{\partial\Delta\omega_j}{\partial\phi_j}(j \neq i) \; 。$$

即联盟总福利 g 会随着 m_i 、$\Delta\omega_i$ 、π 的增加而增加,随着 c 、σ 、ρ_i 、f_i 、ω_i^0 的增加而减少,随着 α_i 先增后减$\left(\text{当 } \alpha_i = \left(\dfrac{\pi\phi_i}{c}\right)^{2/3} \text{时取得极大值}\right)$,与 ϕ_i 、τ_i 的关系暂不能确定。

2. 讨论

1)由 $\dfrac{\partial g}{\partial\tau_i} = \ln\dfrac{\Delta\omega_i}{\Delta\omega_j}(j \neq i)$ 分析可得,当联盟的分配使得任一成员 e_i 的效用呈现以下关系时,联盟总福利 g 的变化趋势如下:

当 $\Delta\omega_i > \Delta\omega_j(j = 1, 2, \cdots, i-1, i+1, \cdots, s)$,提高成员 e_i 的加权因

子会增加联盟总福利 g ；

当 $\Delta\omega_i < \Delta\omega_j(j = 1, 2, \cdots, i-1, i+1, \cdots, s)$ ，提高成员 e_i 的加权因子会降低联盟总福利 g ；

当 $\Delta\omega_i = \Delta\omega_j(j = 1, 2, \cdots, i-1, i+1, \cdots, s)$ ，改变成员 e_i 的加权因子对联盟总福利 g 没有影响。

因此，当成员 e_i （ $\Delta\omega_i = \max\{\Delta\omega_k(k = 1, 2, \cdots, s)\}$ ）的加权因子提高，且成员 e_j （ $\Delta\omega_j = \min\{\Delta\omega_k(k = 1, 2, \cdots, s)\}$ ）的加权因子降低时，联盟总福利增加。但要注意，成员的个体效用 $\Delta\omega_i$ 与加权因子 τ_i 是没有关系的，即改变成员的加权因子只对联盟总福利有影响，而不会影响成员的个体效用。

2）由 $\dfrac{\partial g}{\partial \phi_i} = \dfrac{\tau_i}{\Delta\omega_i} \cdot \dfrac{\partial \Delta\omega_i}{\partial \phi_i} - \dfrac{\tau_j}{\Delta\omega_j} \cdot \dfrac{\partial \Delta\omega_j}{\partial \phi_j}(j \neq i)$ 分析可得，当联盟的分配使得任一成员 e_i 的效用呈现以下关系时，联盟总福利 g 的变化趋势如下：

$$\dfrac{\tau_i}{\Delta\omega_i} \cdot \dfrac{\partial \Delta\omega_i}{\partial \phi_i} > \dfrac{\tau_j}{\Delta\omega_j} \cdot \dfrac{\partial \Delta\omega_j}{\partial \phi_j}(j = 1, 2, \cdots, i-1, i+1, \cdots, s)$$ ，提高成员 e_i 产出分享比例会增加联盟总福利 g ；

$$\dfrac{\tau_i}{\Delta\omega_i} \cdot \dfrac{\partial \Delta\omega_i}{\partial \phi_i} < \dfrac{\tau_j}{\Delta\omega_j} \cdot \dfrac{\partial \Delta\omega_j}{\partial \phi_j}(j = 1, 2, \cdots, i-1, i+1, \cdots, s)$$ ，提高成员 e_i 产出分享比例会降低联盟总福利 g ；

$$\dfrac{\tau_i}{\Delta\omega_i} \cdot \dfrac{\partial \Delta\omega_i}{\partial \phi_i} = \dfrac{\tau_j}{\Delta\omega_j} \cdot \dfrac{\partial \Delta\omega_j}{\partial \phi_j}(j = 1, 2, \cdots, i-1, i+1, \cdots, s)$$ ，改变成员 e_i 产出分享比例对总福利 g 没有影响。

因此，要增加联盟总福利，可通过提高成员 e_i （ $\dfrac{\tau_i}{\Delta\omega_i} \cdot \dfrac{\partial \Delta\omega_i}{\partial \phi_i} = \max\{\dfrac{\tau_k}{\Delta\omega_k} \cdot \dfrac{\partial \Delta\omega_k}{\partial \phi_k}(k = 1, 2, \cdots, s)\}$ ）的产出分享比例，并降低成员 e_j （ $\dfrac{\tau_j}{\Delta\omega_j} \cdot \dfrac{\partial \Delta\omega_j}{\partial \phi_j} = \min\{\dfrac{\tau_k}{\Delta\omega_k} \cdot \dfrac{\partial \Delta\omega_k}{\partial \phi_k}(k = 1, 2, \cdots, s)\}$ ）的产出分享比例。

但要注意，成员的个体效用 $\Delta\omega_i$ 与产出分享比例 ϕ_i 是有关系的，即改变成员的产出分享比例会影响成员的个体效用，并影响 $\dfrac{\tau_i}{\Delta\omega_i} \cdot \dfrac{\partial \Delta\omega_i}{\partial \phi_i}$ ，从而影响

$\dfrac{\tau_i}{\Delta\omega_i}\cdot\dfrac{\partial\Delta\omega_i}{\partial\phi_i}$ 与 $\dfrac{\tau_j}{\Delta\omega_j}\cdot\dfrac{\partial\Delta\omega_j}{\partial\phi_j}$ 之间的大小关系，需要在调整产出分享比例的过程中不断进行判断比较并动态调整。

4.4.4　本节小结

1）π、c、σ 是所有成员共同面对的联盟整体状态，各成员间的 m_i、ρ_i、f_i、ω_i^0、α_i 相互独立。因此，在 ϕ_i、τ_i 一定时，$\Delta\omega_i$ 与 g 同方向变动。

2）$\pi\uparrow$，$c\downarrow\Rightarrow\alpha_i\uparrow$，$\Delta\omega_i\uparrow$，$g\uparrow$。联盟产出基数 π 提高，联盟成本基数 c 降低，不但会刺激成员更加积极投入，也会促进联盟成员个体效用和整个联盟福利的提高。

3）$m_i\uparrow$，$\sigma\downarrow$，$\rho_i\downarrow$，$f_i\downarrow$，$\omega_i^0\downarrow\Rightarrow\Delta\omega_i\uparrow$，$g\uparrow$。政策优惠力度 m_i 越大，联盟收益不确定程度 σ 越低，成员风险规避度 ρ_i 越低，需缴纳的入盟基金 f_i 越少，谈判威胁点 ω_i^0 越低，无论对联盟成员个体还是整个联盟都是有利的。

4）$\phi_i\uparrow\Rightarrow\alpha_i\uparrow$，$\phi_i\uparrow\Rightarrow\Delta\omega_i\uparrow\downarrow$。成员产出分享比例 ϕ_i 增加，会刺激成员更加积极投入。但成员 e_i 的效用 $\Delta\omega_i$ 随着产出分享比例 ϕ_i 的提高则先增后减，且对于风险规避度越高的成员，增加产出分享比例对其个体效用增加的贡献越小。

5）$\alpha_i\uparrow\Rightarrow\Delta\omega_i\uparrow\downarrow$，$g\uparrow\downarrow$。成员努力程度 α_i 提高，成员个体效用和联盟整体福利并不能随之一直增长，而是呈先增后减的趋势，努力水平 α_i 保持在 $\alpha_i=\left(\dfrac{\pi\phi_i}{c}\right)^{2/3}$ 最佳。

6）$\tau_i\uparrow$，$\tau_j\downarrow\Rightarrow g\uparrow$。成员 e_i（$\Delta\omega_i=\max\{\Delta\omega_k(k=1,2,\cdots,s)\}$）的加权因子提高，成员 e_j（$\Delta\omega_j=\min\{\Delta\omega_k(k=1,2,\cdots,s)\}$）的加权因子降低时，联盟总福利增加。

7）$\phi_i\uparrow$，$\phi_j\downarrow\Rightarrow g\uparrow$。成员 $e_i\left(\dfrac{\tau_i}{\Delta\omega_i}\cdot\dfrac{\partial\Delta\omega_i}{\partial\phi_i}=\max\left\{\dfrac{\tau_k}{\Delta\omega_k}\cdot\dfrac{\partial\Delta\omega_k}{\partial\phi_k}(k=1,2,\cdots,s)\right\}\right)$ 的产出分享比例提高，成员 $e_j\left(\dfrac{\tau_j}{\Delta\omega_j}\cdot\dfrac{\partial\Delta\omega_j}{\partial\phi_j}=\min\left\{\dfrac{\tau_k}{\Delta\omega_k}\cdot\dfrac{\partial\Delta\omega_k}{\partial\phi_k}(k=1,2,\cdots,s)\right\}\right)$ 的产出分享比例降低，联盟总福利增加。

4.5 算例分析

4.5.1 成员效用随产出分享比例变化的算例分析

π、c、σ 分别表示联盟的产出、成本基数和收益不确定程度，是所有成员共同面对的情况，为公共信息（public information）。

ρ_i、ω_i^0、f_i、m_i 分别代表成员 e_i 的风险态度、谈判威胁点、需要缴纳的入盟基金及享受的优惠政策，每个成员可各不相同，其中 f_i、m_i 为公共信息，ρ_i、ω_i^0 为私人信息（private information）。

设联盟成员 e_i，在满足所有参数均为非负实数且 $0 < \phi_i < 1$、$\Delta\omega_i > 0$ 的条件下，任意取参数值 $\pi = 70$、$c = 40$、$\sigma = 3$、$m_i = 32$、$f_i = 1$、$\omega_i^0 = 3$，$\dfrac{2\pi^{4/3}}{3\sigma^2 c^{1/3}} = 6.25$，$\dfrac{2\pi^{4/3}}{\sigma^2 c^{1/3}} = 18.75$，可得表 4.1 ~ 表 4.3 和图 4.1。

表 4.1　$\rho_i \leqslant \dfrac{2\pi^{4/3}}{3\sigma^2 c^{1/3}}$，$\Delta\omega_i$、$\dfrac{\partial\Delta\omega_i}{\partial\phi_i}$ 随 ϕ_i 的变化趋势

ϕ_i	0.01	0.1	0.2	0.3	0.4	0.5	0.6	0.7	0.8	0.9	0.99
$\Delta\omega_i$	28.3	33.6	41.9	51.4	61.69	72.6	83.9	95.6	108	120	131
$\dfrac{\partial\Delta\omega_i}{\partial\phi_i}$	35.9	73.8	89.7	99.4	106.3	111	115	118	121	122	124

注：设 $\rho_i = 5$

表 4.2　$\dfrac{2\pi^{4/3}}{3\sigma^2 c^{1/3}} < \rho_i < \dfrac{2\pi^{4/3}}{\sigma^2 c^{1/3}}$，$\Delta\omega_i$、$\dfrac{\partial\Delta\omega_i}{\partial\phi_i}$ 随 ϕ_i 的变化趋势

ϕ_i	0.01	0.1	0.2	0.3	0.4	0.5	0.6	0.7	0.8	0.9	0.99
$\Delta\omega_i$	28.3	33.2	40.1	47.3	54.49	61.3	67.7	73.6	78.8	83.3	86.7
$\dfrac{\partial\Delta\omega_i}{\partial\phi_i}$	35	64.8	71.7	72.4	70.31	66.4	61.3	55.3	48.6	41.4	34.5

注：设 $\rho_i = 15$

表 4.3 $\rho_i \geqslant \dfrac{2\pi^{4/3}}{\sigma^2 c^{1/3}}$，$\Delta\omega_i$、$\dfrac{\partial\Delta\omega_i}{\partial\phi_i}$ 随 ϕ_i 的变化趋势

ϕ_i	0.01	0.1	0.2	0.3	0.4	0.5	0.6	0.7	0.8	0.9	0.99
$\Delta\omega_i$	28.3	32.7	38.3	43.3	47.29	50.1	51.5	51.5	50	46.8	42.6
$\dfrac{\partial\Delta\omega_i}{\partial\phi_i}$	34.1	55.8	53.7	45.4	34.31	21.4	7.3	−7.7	−23	−40	−55

注：设 $\rho_i = 25$

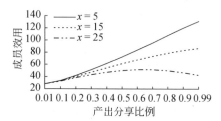

图 4.1 $\Delta\omega_i$ 随 $x = \rho_i$、ϕ_i 的变化趋势

通过算例分析可以得出并验证以下结论：

当 $\rho_i \leqslant \dfrac{2\pi^{4/3}}{3\sigma^2 c^{1/3}}$ 时，$\phi_i \uparrow \Rightarrow \Delta\omega_i \uparrow$，$\dfrac{\partial\Delta\omega_i}{\partial\phi_i} \uparrow$；

当 $\dfrac{2\pi^{4/3}}{3\sigma^2 c^{1/3}} < \rho_i < \dfrac{2\pi^{4/3}}{\sigma^2 c^{1/3}}$ 时，$\phi_i \uparrow \Rightarrow \Delta\omega_i \uparrow$，$\dfrac{\partial\Delta\omega_i}{\partial\phi_i} \uparrow \downarrow$，$\phi'_i = \dfrac{2^{3/2}\pi^2}{3^{3/2}\sigma^3 c^{1/2}\rho_i^{3/2}}$ 为拐点；

当 $\rho_i \geqslant \dfrac{2\pi^{4/3}}{\sigma^2 c^{1/3}}$ 时，$\phi_i \uparrow \Rightarrow \Delta\omega_i \uparrow \downarrow$，$\dfrac{\partial\Delta\omega_i}{\partial\phi_i} \uparrow \downarrow$，$\phi'_i = \dfrac{2^{3/2}\pi^2}{3^{3/2}\sigma^3 c^{1/2}\rho_i^{3/2}}$ 为拐点，

$\phi_i^0 = \dfrac{2^{3/2}\pi^2}{\sigma^3 c^{1/2}\rho_i^{3/2}}$ 为极大值点。

即在其他参数不变的情况下，对于风险规避度越高的成员，增加产出分享比例对其个体效用增加的贡献越小。

4.5.2 联盟总福利随加权因子变化的算例分析

设某产业技术创新联盟由 s 个成员组成，则无论 s 取值多少，都可将其分为 2 个或 3 个成员的组合。因而探讨由 2 个成员和 3 个成员组成的联盟即可看出任意联盟的情况。

在满足所有参数均为非负实数，且 $0 < \phi_i < 1$、$0 \leq \tau_{ki} \leq 1$、$\Delta\omega_i > 0$、$\sum\limits_{i=1}^{m}\tau_i = 1$、$\sum\limits_{i=1}^{m}\phi_i = 1$ 的条件下，取参数 π、c、σ、ρ_i、f_i、m_i、ω_i^0、τ_i 的随机值，通过算例分析来讨论和验证成员加权因子 τ_i 的变化对联盟总福利 g 的影响。

1. 考虑 2 个成员情况

设联盟由成员 e_1、e_2 组成，且 $0 < \Delta\omega_1 < \Delta\omega_2$。任意取参数值 $\pi = 100$、$c = 20$、$\sigma = 3$、$\begin{cases} m_1 = 25 \\ m_2 = 30 \end{cases}$、$\begin{cases} f_1 = 1 \\ f_2 = 2 \end{cases}$、$\begin{cases} \omega_1^0 = 9 \\ \omega_2^0 = 12 \end{cases}$、$\begin{cases} \rho_1 = 5 \\ \rho_2 = 10 \end{cases}$、$\begin{cases} \phi_1 = 0.4 \\ \phi_2 = 0.6 \end{cases}$，满足参数约束条件，可得表 4.4 和图 4.2。

表 4.4 g 随 τ_i 的变化

τ_1	0	0.1	0.2	0.3	0.4	0.5	0.6	0.7	0.8	0.9	1
τ_2	1	0.9	0.8	0.7	0.6	0.5	0.4	0.3	0.2	0.1	0
g	4.87	4.83	4.79	4.75	4.71	4.67	4.63	4.59	4.55	4.51	4.47

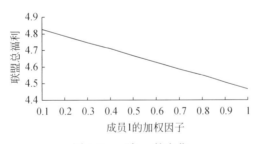

图 4.2 g 随 τ_1 的变化

可得出，当联盟由 2 个成员组成且 $0 < \Delta\omega_1 < \Delta\omega_2$ 时，$\tau_1\downarrow$，$\tau_2\uparrow \Leftrightarrow g\uparrow$。

2. 考虑 3 个成员情况

设联盟由成员 e_1、e_2、e_3 组成，且 $0 < \Delta\omega_1 \leq \Delta\omega_2 \leq \Delta\omega_3$，$\tau_i\left(\sum\limits_{i=1}^{3}\tau_i = 1\right)$ 的变动可有 12 种情况（表 4.5）。

表 4.5 τ_i 的变动情况

1	2	3	4	5	6	7	8	9	10	11	12
$\tau_1\downarrow$			$\tau_1\uparrow$			τ_1 不变		τ_2 不变		τ_3 不变	
$\tau_2\downarrow$	$\tau_2\uparrow$	$\tau_2\uparrow$	$\tau_2\downarrow$	$\tau_2\uparrow$	$\tau_2\downarrow$	$\tau_2\downarrow$	$\tau_2\uparrow$	$\tau_1\downarrow$	$\tau_1\uparrow$	$\tau_1\downarrow$	$\tau_1\uparrow$
$\tau_3\uparrow$	$\tau_3\downarrow$	$\tau_3\uparrow$	$\tau_3\uparrow$	$\tau_3\downarrow$	$\tau_3\downarrow$	$\tau_3\uparrow$	$\tau_3\downarrow$	$\tau_3\uparrow$	$\tau_3\downarrow$	$\tau_2\uparrow$	$\tau_2\downarrow$

其中，后6种类似2个成员情况。在此，仅考虑前6种情况。设 $0 < \Delta\omega_1 \leq \Delta\omega_2 \leq \Delta\omega_3$，任意取参数值 $\pi = 70$、$c = 40$、$\sigma = 3$、$\begin{cases} m_1 = 30 \\ m_2 = 20 \\ m_3 = 25 \end{cases}$、$\begin{cases} f_1 = 2 \\ f_2 = 3 \\ f_3 = 1 \end{cases}$、

$\begin{cases} \omega_1^0 = 12 \\ \omega_2^0 = 10 \\ \omega_3^0 = 9 \end{cases}$、$\begin{cases} \rho_1 = 20 \\ \rho_2 = 18 \\ \rho_3 = 15 \end{cases}$、$\begin{cases} \phi_1 = 0.1 \\ \phi_2 = 0.4 \\ \phi_3 = 0.5 \end{cases}$，满足参数约束条件，可得表4.6～表4.11。

表 4.6 $\tau_1\downarrow$，$\tau_2\downarrow$，$\tau_3\uparrow$ 时，g 随 τ_i 的变化

τ_1	0.55	0.5	0.47	0.45	0.36	0.27	0.18	0.09	0.08	0.04	0
τ_2	0.45	0.4	0.33	0.25	0.24	0.23	0.22	0.21	0.12	0.06	0
τ_3	0	0.1	0.2	0.3	0.4	0.5	0.6	0.7	0.8	0.9	1
g	3.22	3.29	3.34	3.39	3.47	3.55	3.63	3.71	3.76	3.82	3.88

表 4.7 $\tau_1\downarrow$，$\tau_2\uparrow$，$\tau_3\downarrow$ 时，g 随 τ_i 的变化

τ_1	0.55	0.5	0.47	0.45	0.36	0.27	0.18	0.09	0.08	0.04	0
τ_2	0	0.1	0.2	0.3	0.4	0.5	0.6	0.7	0.8	0.9	1
τ_3	0.45	0.4	0.33	0.25	0.24	0.23	0.22	0.21	0.12	0.06	0
g	3.419	3.417	3.399	3.37	3.4	3.44	3.47	3.5	3.46	3.45	3.44

表 4.8 $\tau_1\downarrow$，$\tau_2\uparrow$，$\tau_3\uparrow$ 时，g 随 τ_i 的变化

τ_1	1	0.9	0.8	0.7	0.6	0.5	0.4	0.3	0.2	0.1	0
τ_2	0	0.08	0.12	0.15	0.19	0.2	0.23	0.3	0.37	0.4	0.45
τ_3	0	0.02	0.08	0.15	0.21	0.3	0.37	0.4	0.43	0.5	0.55
g	3.04	3.09	3.16	3.23	3.29	3.37	3.44	3.5	3.55	3.62	3.68

表 4.9　$\tau_1\uparrow$，$\tau_2\downarrow$，$\tau_3\uparrow$时，g 随 τ_i 的变化

τ_1	0	0.08	0.12	0.15	0.19	0.2	0.23	0.3	0.37	0.4	0.45
τ_2	1	0.9	0.8	0.7	0.6	0.5	0.4	0.3	0.2	0.1	0
τ_3	0	0.02	0.08	0.15	0.21	0.3	0.37	0.4	0.43	0.5	0.55
g	3.44	3.42	3.43	3.45	3.46	3.49	3.51	3.5	3.48	3.5	3.502

表 4.10　$\tau_1\uparrow$，$\tau_2\uparrow$，$\tau_3\downarrow$时，g 随 τ_i 的变化

τ_1	0	0.08	0.12	0.15	0.19	0.2	0.23	0.3	0.37	0.4	0.45
τ_2	0	0.02	0.08	0.15	0.21	0.3	0.37	0.4	0.43	0.5	0.55
τ_3	1	0.9	0.8	0.7	0.6	0.5	0.4	0.3	0.2	0.1	0
g	3.88	3.8	3.74	3.69	3.63	3.58	3.53	3.45	3.38	3.33	3.26

表 4.11　$\tau_1\uparrow$，$\tau_2\downarrow$，$\tau_3\downarrow$时，g 随 τ_i 的变化

τ_1	0	0.1	0.2	0.3	0.4	0.5	0.6	0.7	0.8	0.9	1
τ_2	0.55	0.5	0.47	0.45	0.36	0.27	0.18	0.09	0.08	0.04	0
τ_3	0.45	0.4	0.33	0.25	0.24	0.23	0.22	0.2	0.12	0.06	0
g	3.64	3.58	3.51	3.43	3.39	3.34	3.3	3.25	3.18	3.11	3.04

由表 4.6 ~ 表 4.11 可得：当出现 $\tau_1\downarrow$，$\tau_2\downarrow$，$\tau_3\uparrow$、$\tau_1\downarrow$，$\tau_2\uparrow$，$\tau_3\uparrow$ 变动时，必有 $g\uparrow$；当出现 $\tau_1\uparrow$，$\tau_2\downarrow$，$\tau_3\downarrow$、$\tau_1\uparrow$，$\tau_2\uparrow$，$\tau_3\downarrow$ 变动时，必有 $g\downarrow$。其他变动情况下，联盟总福利变化趋势不单调。

3. 4.5.2 节内容小结

综合上述分析可得，当其他参数一定时，提高成员 e_i（$\Delta\omega_i = \max\{\Delta\omega_k(k=1,2,\cdots,s)\}$）的 τ_i 且降低成员 e_j（$\Delta\omega_j = \min\{\Delta\omega_k(k=1,2,\cdots,s)\}$）的 τ_j，可保证 $g\uparrow$。且尽量使 τ_i 提高得多些，τ_j 下降得多些，可使总福利增加得愈多。

4.5.3　联盟总福利随产出分享比例变化的算例分析

在满足所有参数均为非负实数，且 $0 < \phi_i < 1$、$0 \leqslant \tau_{ki} \leqslant 1$、$\Delta\omega_i > 0$、$\sum_{i=1}^{m}\tau_i = 1$、$\sum_{i=1}^{m}\phi_i = 1$ 的条件下，由前述分析可知：

当 $\rho_i \leqslant \dfrac{2\pi^{4/3}}{3\sigma^2 c^{1/3}}$ 时，$\phi_i \uparrow \Rightarrow \Delta\omega_i \uparrow$，$\dfrac{\partial\Delta\omega_i}{\partial\phi_i} \uparrow$；

当 $\dfrac{2\pi^{4/3}}{3\sigma^2 c^{1/3}} < \rho_i < \dfrac{2\pi^{4/3}}{\sigma^2 c^{1/3}}$ 时，$\phi_i \uparrow \Rightarrow \Delta\omega_i \uparrow$，$\dfrac{\partial\Delta\omega_i}{\partial\phi_i} \uparrow\downarrow$；

当 $\rho_i \geqslant \dfrac{2\pi^{4/3}}{\sigma^2 c^{1/3}}$ 时，$\phi_i \uparrow \Rightarrow \Delta\omega_i \uparrow\downarrow$，$\dfrac{\partial\Delta\omega_i}{\partial\phi_i} \uparrow\downarrow$。

取参数 π、c、σ、ρ_i、f_i、m_i、ω_i^0、τ_i 的随机值，满足参数约束条件，通过算例分析来讨论和验证成员产出分享比例 ϕ_i 的变化对联盟总福利 g 的影响。

1. 考虑 2 个成员情况

设联盟由成员 e_1、e_2 组成，且 $\rho_1 \leqslant \rho_2$，$\psi = \dfrac{\tau_1}{\Delta\omega_1} \cdot \dfrac{\partial\Delta\omega_1}{\partial\phi_1} - \dfrac{\tau_2}{\Delta\omega_2} \cdot \dfrac{\partial\Delta\omega_2}{\partial\phi_2}$。任意

取参数值 $\pi = 70$、$c = 40$、$\sigma = 3$、$\begin{cases} m_1 = 30 \\ m_2 = 35 \end{cases}$、$\begin{cases} f_1 = 1 \\ f_2 = 2 \end{cases}$、$\begin{cases} \omega_1^0 = 2 \\ \omega_2^0 = 5 \end{cases}$、$\begin{cases} \tau_1 = 0.4 \\ \tau_2 = 0.6 \end{cases}$，

$\dfrac{2\pi^{4/3}}{3\sigma^2 c^{1/3}} = 6.25$，$\dfrac{2\pi^{4/3}}{\sigma^2 c^{1/3}} = 18.75$，满足参数约束条件，算例分析可得表 4.12 ~ 表 4.17 及图 4.3 和图 4.4。

表 4.12　$\rho_i \leqslant \dfrac{2\pi^{4/3}}{3\sigma^2 c^{1/3}}$，$g$ 随 ϕ_i 的变化趋势

ϕ_1	0.01	0.1	0.2	0.3	0.4	0.5	0.6	0.7	0.8	0.9	0.99
ϕ_2	0.99	0.9	0.8	0.7	0.6	0.5	0.4	0.3	0.2	0.1	0.01
$\dfrac{\partial\Delta\omega_1}{\partial\phi_1}$	36.1	75.6	93.3	105	114	120	126	131	135	139	141
$\dfrac{\partial\Delta\omega_2}{\partial\phi_2}$	133	130	128	125	121	116	110	102	91	74.7	36
$\Delta\omega_1$	27.3	32.7	41.3	51.2	62	73.8	86.2	99	112	126	139
$\Delta\omega_2$	135	123	110	97.8	86	73.7	62.4	52	42	33.7	28.3
ψ	−0.06	0.29	0.21	0.05	−0.11	−0.29	−0.47	−0.65	−0.82	−0.89	−0.36
g	4.27	4.28	4.31	4.324	4.323	4.3	4.26	4.21	4.13	4.05	3.98

注：$\begin{cases} \rho_1 = 3 \\ \rho_2 = 4 \end{cases}$，$\phi_i \uparrow \Rightarrow \Delta\omega_i \uparrow$，$\dfrac{\partial\Delta\omega_i}{\partial\phi_i} \uparrow$

表 4.13 $\rho_1 \leqslant \dfrac{2\pi^{4/3}}{3\sigma^2 c^{1/3}}$, $\dfrac{2\pi^{4/3}}{3\sigma^2 c^{1/3}} < \rho_2 < \dfrac{2\pi^{4/3}}{\sigma^2 c^{1/3}}$, g 随 ϕ_i 的变化趋势

ϕ_1	0.01	0.1	0.2	0.3	0.4	0.5	0.6	0.7	0.8	0.9	0.99
ϕ_2	0.99	0.9	0.8	0.7	0.6	0.5	0.4	0.3	0.2	0.1	0.01
$\dfrac{\partial \Delta\omega_1}{\partial \phi_1}$	36.1	75.6	93.3	105	114	120	126	131	135	139	141
$\dfrac{\partial \Delta\omega_2}{\partial \phi_2}$	43.4	49.5	55.8	61.6	67	70.9	73.9	75	73	65.7	35.1
$\Delta\omega_1$	27.3	32.7	41.3	51.2	62	73.8	86.2	99	112	126	139
$\Delta\omega_2$	91.1	86.9	81.6	75.8	69	62.5	55.2	48	40	33.2	28.3
ψ	0.24	0.58	0.49	0.33	0.15	−0.03	−0.22	−0.41	−0.61	−0.75	−0.34
g	4.03	4.07	4.13	4.17	4.195	4.2	4.19	4.16	4.11	4.04	3.98

注: $\begin{cases} \rho_1 = 3 \\ \rho_2 = 14 \end{cases}$, $\phi_1 \uparrow \Rightarrow \Delta\omega_1 \uparrow$, $\dfrac{\partial \Delta\omega_1}{\partial \phi_1} \uparrow$, $\phi_2 \uparrow \Rightarrow \Delta\omega_2 \uparrow$, $\dfrac{\partial \Delta\omega_2}{\partial \phi_2} \uparrow \downarrow$

表 4.14 $\rho_1 \leqslant \dfrac{2\pi^{4/3}}{3\sigma^2 c^{1/3}}$, $\rho_2 \geqslant \dfrac{2\pi^{4/3}}{\sigma^2 c^{1/3}}$, g 随 ϕ_i 的变化趋势

ϕ_1	0.01	0.1	0.2	0.3	0.4	0.5	0.6	0.7	0.8	0.9	0.99
ϕ_2	0.99	0.9	0.8	0.7	0.6	0.5	0.4	0.3	0.2	0.1	0.01
$\dfrac{\partial \Delta\omega_1}{\partial \phi_1}$	36.1	75.6	93.3	105	114	120	126	131	135	139	141
$\dfrac{\partial \Delta\omega_2}{\partial \phi_2}$	−55	−40	−23	−7.7	7.3	21.4	34.3	45	54	55.8	34.1
$\Delta\omega_1$	27.3	32.7	41.3	51.2	62	73.8	86.2	99	112	126	139
$\Delta\omega_2$	42.6	46.8	50	51.5	52	50.1	47.3	43	38	32.7	28.3
ψ	1.3	1.44	1.18	0.91	0.65	0.39	0.15	−0.1	−0.37	−0.58	−0.32
g	3.57	3.7	3.83	3.94	4.02	4.07	4.096	4.099	4.08	4.03	3.98

注: $\begin{cases} \rho_1 = 3 \\ \rho_2 = 25 \end{cases}$, $\phi_1 \uparrow \Rightarrow \Delta\omega_1 \uparrow$, $\dfrac{\partial \Delta\omega_1}{\partial \phi_1} \uparrow$, $\phi_2 \uparrow \Rightarrow \Delta\omega_2 \uparrow \downarrow$, $\dfrac{\partial \Delta\omega_2}{\partial \phi_2} \uparrow \downarrow$

表 4.15 $\dfrac{2\pi^{4/3}}{3\sigma^2 c^{1/3}}{<}\rho_i{<}\dfrac{2\pi^{4/3}}{\sigma^2 c^{1/3}}$，$g$ 随 ϕ_i 的变化趋势

ϕ_1	0.01	0.1	0.2	0.3	0.4	0.5	0.6	0.7	0.8	0.9	0.99
ϕ_2	0.99	0.9	0.8	0.7	0.6	0.5	0.4	0.3	0.2	0.1	0.01
$\dfrac{\partial\Delta\omega_1}{\partial\phi_1}$	35.4	69.3	80.7	85.9	88	88.9	88.3	87	85	81.9	79
$\dfrac{\partial\Delta\omega_2}{\partial\phi_2}$	43.4	49.5	55.8	61.6	67	70.9	73.9	75	73	65.7	35.1
$\Delta\omega_1$	27.3	32.4	40	48.4	57	66	74.8	84	92	100	108
$\Delta\omega_2$	91.1	86.9	81.6	75.8	69	62.5	55.2	48	40	33.2	28.3
ψ	0.23	0.51	0.4	0.22	0.03	−0.1	−0.33	−0.52	−0.73	−0.86	−0.45
g	4.03	4.07	4.12	4.15	4.158	4.157	4.133	4.093	4.02	3.95	3.88

注：$\begin{cases}\rho_1 = 10 \\ \rho_2 = 14\end{cases}$，$\phi_i\uparrow\Rightarrow\Delta\omega_i\uparrow$，$\dfrac{\partial\Delta\omega_i}{\partial\phi_i}\uparrow\downarrow$

表 4.16 $\dfrac{2\pi^{4/3}}{3\sigma^2 c^{1/3}}{<}\rho_1{<}\dfrac{2\pi^{4/3}}{\sigma^2 c^{1/3}}$，$\rho_2\geqslant\dfrac{2\pi^{4/3}}{\sigma^2 c^{1/3}}$，$g$ 随 ϕ_i 的变化趋势

ϕ_1	0.01	0.1	0.2	0.3	0.4	0.5	0.6	0.7	0.8	0.9	0.99
ϕ_2	0.99	0.9	0.8	0.7	0.6	0.5	0.4	0.3	0.2	0.1	0.01
$\dfrac{\partial\Delta\omega_1}{\partial\phi_1}$	35.4	69.3	80.7	85.9	88	88.9	88.3	87	85	81.9	79
$\dfrac{\partial\Delta\omega_2}{\partial\phi_2}$	−55	−40	−23	−7.7	7.3	21.4	34.3	45	54	55.8	34.1
$\Delta\omega_1$	27.3	32.4	40	48.4	57	66	74.8	84	92	100	108
$\Delta\omega_2$	42.6	46.8	50	51.5	52	50.1	47.3	43	38	32.7	28.3
ψ	1.29	1.37	1.08	0.8	0.53	0.28	0.04	−0.21	−0.48	−0.7	−0.43
g	3.57	3.7	3.82	3.92	3.99	4.02	4.04	4.03	3.99	3.93	3.88

注：$\begin{cases}\rho_1 = 10 \\ \rho_2 = 25\end{cases}$，$\phi_1\uparrow\Rightarrow\Delta\omega_1\uparrow$，$\dfrac{\partial\Delta\omega_1}{\partial\phi_1}\uparrow\downarrow$，$\phi_2\uparrow\Rightarrow\Delta\omega_2\uparrow\downarrow$，$\dfrac{\partial\Delta\omega_2}{\partial\phi_2}\uparrow\downarrow$

表 4.17 $\rho_i \geqslant \dfrac{2\pi^{4/3}}{\sigma^2 c^{1/3}}$，$g$ 随 ϕ_i 的变化趋势

ϕ_1	0.01	0.1	0.2	0.3	0.4	0.5	0.6	0.7	0.8	0.9	0.99
ϕ_2	0.99	0.9	0.8	0.7	0.6	0.5	0.4	0.3	0.2	0.1	0.01
$\dfrac{\partial \Delta\omega_1}{\partial \phi_1}$	34.4	58.5	59.1	53.5	45	34.9	23.5	11	−2	−15	−28
$\dfrac{\partial \Delta\omega_2}{\partial \phi_2}$	−55	−40	−23	−7.7	7.3	21.4	34.3	45	54	55.8	34.1
$\Delta\omega_1$	27.3	31.9	37.8	43.5	48	52.5	55.4	57	58	56.8	54.8
$\Delta\omega_2$	42.6	46.8	50	51.5	52	50.1	47.3	43	38	32.7	28.3
ψ	1.28	1.25	0.9	0.58	0.29	0.01	−0.27	−0.55	−0.87	−1.13	−0.93
g	3.57	3.69	3.8	3.87	3.92	3.93	3.92	3.87	3.8	3.71	3.61

注：$\begin{cases} \rho_1 = 22 \\ \rho_2 = 25 \end{cases}$，$\phi_i \uparrow \Rightarrow \Delta\omega_i \uparrow \downarrow$，$\dfrac{\partial \Delta\omega_i}{\partial \phi_i} \uparrow \downarrow$

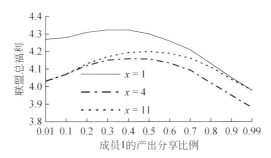

图 4.3 $\rho_2 < \dfrac{2\pi^{4/3}}{\sigma^2 c^{1/3}}$ 时，g 随 $x = \rho_2 - \rho_1$、ϕ_1 的变化趋势

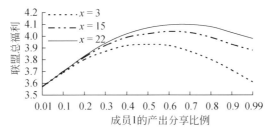

图 4.4 $\rho_2 \geqslant \dfrac{2\pi^{4/3}}{\sigma^2 c^{1/3}}$ 时，g 随 $x = \rho_2 - \rho_1$、ϕ_1 的变化趋势

综合分析表4.12～表4.17及图4.3和图4.4可得，当$\rho_1 \leqslant \rho_2$，其他参数一定时，均可得到$\phi_1 \uparrow$，$\phi_2 \downarrow \Rightarrow g \uparrow \downarrow$。当$\psi = \dfrac{\tau_1}{\Delta\omega_1} \cdot \dfrac{\partial\Delta\omega_1}{\partial\phi_1} - \dfrac{\tau_2}{\Delta\omega_2} \cdot \dfrac{\partial\Delta\omega_2}{\partial\phi_2} = 0$时，极值点$(\phi_1^0, \phi_2^0)$处$g$取得极大值。且：

$\rho_2 < \dfrac{2\pi^{4/3}}{\sigma^2 c^{1/3}}$时，极大值点$\phi_2^0 \geqslant \phi_1^0$，即给予风险避度较高成员较高的产出分享比例，有利于提高联盟总福利，但有$(\rho_2 - \rho_1) \uparrow \Rightarrow (\phi_2^0 - \phi_1^0) \downarrow$。

$\rho_2 \geqslant \dfrac{2\pi^{4/3}}{\sigma^2 c^{1/3}}$时，极大值点$\phi_1^0 \geqslant \phi_2^0$，即给予风险规避度较低成员较高的产出分享比例，有利于提高联盟总福利，且有$(\rho_2 - \rho_1) \uparrow \Rightarrow (\phi_1^0 - \phi_2^0) \uparrow$。

2. 考虑3个成员情况

设联盟由成员e_1、e_2、e_3组成，且$\rho_1 \leqslant \rho_2 \leqslant \rho_3$，$\phi_i \left(\sum\limits_{i=1}^{3} \phi_i = 1 \right)$的变动可有12种情况（表4.18）。

表4.18　ϕ_i的变动情况

1	2	3	4	5	6	7	8	9	10	11	12
$\phi_1 \downarrow$			$\phi_1 \uparrow$			ϕ_1 不变		ϕ_2 不变		ϕ_3 不变	
$\phi_2 \downarrow$	$\phi_2 \uparrow$	$\phi_2 \uparrow$	$\phi_2 \uparrow$	$\phi_2 \downarrow$	$\phi_2 \downarrow$	$\phi_2 \downarrow$	$\phi_2 \uparrow$	$\phi_1 \downarrow$	$\phi_1 \uparrow$	$\phi_1 \downarrow$	$\phi_1 \uparrow$
$\phi_3 \uparrow$	$\phi_3 \downarrow$	$\phi_3 \downarrow$	$\phi_3 \downarrow$	$\phi_3 \uparrow$	$\phi_3 \downarrow$	$\phi_3 \uparrow$	$\phi_3 \downarrow$	$\phi_3 \uparrow$	$\phi_3 \downarrow$	$\phi_2 \uparrow$	$\phi_2 \downarrow$

其中，后6种类似2个成员情况，1、2、3情况与4、5、6正好相反。在此，仅考虑前3种情况。算例分析如下。

（1）$\phi_i \uparrow \Rightarrow \Delta\omega_i \uparrow$，$\dfrac{\partial\Delta\omega_i}{\partial\phi_i} \uparrow$

由前述分析可知，当$\rho_i \leqslant \dfrac{2\pi^{4/3}}{3\sigma^2 c^{1/3}}$时，有$\phi_i \uparrow \Rightarrow \Delta\omega_i \uparrow$，$\dfrac{\partial\Delta\omega_i}{\partial\phi_i} \uparrow$。任意取

参数值$\pi = 70$、$c = 40$、$\sigma = 3$、$\begin{cases} m_1 = 40 \\ m_2 = 36 \\ m_3 = 50 \end{cases}$、$\begin{cases} f_1 = 6 \\ f_2 = 3 \\ f_3 = 2 \end{cases}$、$\begin{cases} \omega_1^0 = 8 \\ \omega_2^0 = 2 \\ \omega_3^0 = 1 \end{cases}$、$\begin{cases} \rho_1 = 2 \\ \rho_2 = 5 \\ \rho_3 = 6 \end{cases}$、

$$\begin{cases} \tau_1 = 0.4 \\ \tau_2 = 0.5 \\ \tau_3 = 0.1 \end{cases}, \frac{2\pi^{4/3}}{3\sigma^2 c^{1/3}} = 6.25,满足参数约束条件,可得表4.19~表4.21。$$

表 4.19　$\phi_1 \downarrow$，$\phi_2 \downarrow$，$\phi_3 \uparrow$，g 随 ϕ_i 的变化趋势

ϕ_1	0.5	0.46	0.41	0.36	0.32	0.27	0.21	0.14	0.08	0.04	0.01
ϕ_2	0.49	0.44	0.39	0.34	0.28	0.23	0.19	0.16	0.12	0.06	0.01
ϕ_3	0.01	0.1	0.2	0.3	0.4	0.5	0.6	0.7	0.8	0.9	0.98
$\Delta\omega_1$	74	69	63	57.2	53	47.4	41.4	35	30.3	27.7	26.3
$\Delta\omega_2$	74.5	69	63.6	58.4	52	47.6	44	41.4	38.2	33.9	31.3
$\Delta\omega_3$	47.3	52.6	60.7	70	80	90.5	101	112	124	135	144
$\frac{\partial\Delta\omega_1}{\partial\phi_1}$	125	122	118	114	110	104	96.5	85.1	71.3	57	36.2
$\frac{\partial\Delta\omega_2}{\partial\phi_2}$	111	109	106	102	98	93	88.4	84.4	77.8	63.3	35.9
$\frac{\partial\Delta\omega_3}{\partial\phi_3}$	35.8	72.9	87.9	96.7	103	107	110	112	113	114	115
g	4.26	4.21	4.14	4.08	4	3.93	3.84	3.76	3.67	3.58	3.53

表 4.20　$\phi_1 \downarrow$，$\phi_2 \uparrow$，$\phi_3 \downarrow$，g 随 ϕ_i 的变化趋势

ϕ_1	0.5	0.46	0.41	0.36	0.32	0.27	0.21	0.14	0.08	0.04	0.01
ϕ_2	0.01	0.1	0.2	0.3	0.4	0.5	0.6	0.7	0.8	0.9	0.98
ϕ_3	0.49	0.44	0.39	0.34	0.28	0.23	0.19	0.16	0.12	0.06	0.01
$\Delta\omega_1$	74	69	63	57.2	53	47.4	41.4	35	30.3	27.7	26.3
$\Delta\omega_2$	31.3	36.6	44.9	54.4	65	75.6	86.9	98.6	111	123	133
$\Delta\omega_3$	89.4	84.1	78.9	73.9	68	63.4	59.8	57.3	54.1	49.9	47.3
$\frac{\partial\Delta\omega_1}{\partial\phi_1}$	125	122	118	114	110	104	96.5	85.1	71.3	57	36.2
$\frac{\partial\Delta\omega_2}{\partial\phi_2}$	35.9	73.8	89.7	99.4	106	111	115	118	121	122	123
$\frac{\partial\Delta\omega_3}{\partial\phi_3}$	107	105	102	99.4	95	90.9	86.7	82.9	76.7	62.8	35.8
g	3.89	3.94	4	4.05	4.1	4.12	4.13	4.123	4.118	4.13	4.14

表 4.21　$\phi_1\downarrow$，$\phi_2\uparrow$，$\phi_3\uparrow$，g 随 ϕ_i 的变化趋势

ϕ_1	0.98	0.9	0.8	0.7	0.6	0.5	0.4	0.3	0.2	0.1	0.01
ϕ_2	0.01	0.06	0.12	0.16	0.19	0.23	0.28	0.34	0.39	0.44	0.49
ϕ_3	0.01	0.04	0.08	0.14	0.21	0.27	0.32	0.36	0.41	0.46	0.5
$\Delta\omega_1$	141	129	114	100	87	74	61.9	50.6	40.4	31.8	26.3
$\Delta\omega_2$	31.3	33.9	38.2	41.4	44	47.6	52.4	58.4	63.6	69	74.5
$\Delta\omega_3$	47.3	48.7	51.2	55.7	62	67.1	71.9	75.9	81	86.2	90.5
$\dfrac{\partial\Delta\omega_1}{\partial\phi_1}$	150	147	142	137	131	125	117	108	95.1	76.5	36.2
$\dfrac{\partial\Delta\omega_2}{\partial\phi_2}$	35.9	63.3	77.8	84.4	88	93	97.8	102	106	109	111
$\dfrac{\partial\Delta\omega_3}{\partial\phi_3}$	35.8	55.5	68.4	80	89	94.5	98.1	101	103	105	107
g	4.087	4.094	4.11	4.106	4.09	4.07	4.06	4.04	4	3.95	3.91

（2）$\phi_i\uparrow\Rightarrow\Delta\omega_i\uparrow$，$\dfrac{\partial\Delta\omega_i}{\partial\phi_i}\uparrow$（$i=1$，2），$\phi_3\uparrow\Rightarrow\Delta\omega_3\uparrow$，$\dfrac{\partial\Delta\omega_3}{\partial\phi_3}\uparrow\downarrow$

由前述分析可知，当 $\rho_i\leqslant\dfrac{2\pi^{4/3}}{3\sigma^2 c^{1/3}}$（$i=1$，2），$\dfrac{2\pi^{4/3}}{3\sigma^2 c^{1/3}}<\rho_3<\dfrac{2\pi^{4/3}}{\sigma^2 c^{1/3}}$ 时，有

$\phi_i\uparrow\Rightarrow\Delta\omega_i\uparrow$，$\dfrac{\partial\Delta\omega_i}{\partial\phi_i}\uparrow$（$i=1$，2），$\phi_3\uparrow\Rightarrow\Delta\omega_3\uparrow$，$\dfrac{\partial\Delta\omega_3}{\partial\phi_3}\uparrow\downarrow$。任意取参数值

$\pi=70$、$c=40$、$\sigma=3$、$\begin{cases}m_1=40\\m_2=36\\m_3=50\end{cases}$ $\begin{cases}f_1=6\\f_2=3\\f_3=2\end{cases}$ $\begin{cases}\omega_1^0=8\\\omega_2^0=2\\\omega_3^0=1\end{cases}$ $\begin{cases}\rho_1=2\\\rho_2=5\\\rho_3=18\end{cases}$ $\begin{cases}\tau_1=0.4\\\tau_2=0.5\\\tau_3=0.1\end{cases}$，

$\dfrac{2\pi^{4/3}}{3\sigma^2 c^{1/3}}=6.25$，$\dfrac{2\pi^{4/3}}{\sigma^2 c^{1/3}}=18.75$，满足参数约束条件，可得表 4.22～表 4.24。

表 4.22 $\phi_1\downarrow$，$\phi_2\downarrow$，$\phi_3\uparrow$，g 随 ϕ_i 的变化趋势

ϕ_1	0.5	0.46	0.41	0.36	0.32	0.27	0.21	0.14	0.08	0.04	0.01
ϕ_2	0.49	0.44	0.39	0.34	0.28	0.23	0.19	0.16	0.12	0.06	0.01
ϕ_3	0.01	0.1	0.2	0.3	0.4	0.5	0.6	0.7	0.8	0.9	0.98
$\Delta\omega_1$	74	69	63	57.2	53	47.4	41.4	35	30.3	27.7	26.3
$\Delta\omega_2$	74.5	69	63.6	58.4	52	47.6	44	41.4	38.2	33.9	31.3
$\Delta\omega_3$	47.3	52.1	58.6	65.1	71	77	81.9	86	89.1	91.3	92.4
$\dfrac{\partial\Delta\omega_1}{\partial\phi_1}$	125	122	118	114	110	104	96.5	85.1	71.3	57	36.2
$\dfrac{\partial\Delta\omega_2}{\partial\phi_2}$	111	109	106	102	98	93	88.4	84.4	77.8	63.3	35.9
$\dfrac{\partial\Delta\omega_3}{\partial\phi_3}$	34.7	62.1	66.3	64.3	60	52.9	45.1	36.4	27	17.1	8.82
g	4.26	4.21	4.14	4.07	3.99	3.91	3.82	3.73	3.63	3.54	3.48

表 4.23 $\phi_1\downarrow$，$\phi_2\uparrow$，$\phi_3\downarrow$，g 随 ϕ_i 的变化趋势

ϕ_1	0.5	0.46	0.41	0.36	0.32	0.27	0.21	0.14	0.08	0.04	0.01
ϕ_2	0.01	0.1	0.2	0.3	0.4	0.5	0.6	0.7	0.8	0.9	0.98
ϕ_3	0.49	0.44	0.39	0.34	0.28	0.23	0.19	0.16	0.12	0.06	0.01
$\Delta\omega_1$	74	69	63	57.2	53	47.4	41.4	35	30.3	27.7	26.3
$\Delta\omega_2$	31.3	36.6	44.9	54.4	65	75.6	86.9	98.6	111	123	133
$\Delta\omega_3$	76.4	73.7	70.7	67.7	64	60.5	57.9	55.9	53.3	49.7	47.3
$\dfrac{\partial\Delta\omega_1}{\partial\phi_1}$	125	122	118	114	110	104	96.5	85.1	71.3	57	36.2
$\dfrac{\partial\Delta\omega_2}{\partial\phi_2}$	35.9	73.8	89.7	99.4	106	111	115	118	121	122	123
$\dfrac{\partial\Delta\omega_3}{\partial\phi_3}$	53.6	57	60.1	62.7	65	66.1	66.2	65.7	63.8	56.3	34.7
g	3.88	3.92	3.99	4.04	4.09	4.12	4.13	4.12	4.117	4.13	4.14

表 4.24 $\phi_1\downarrow$，$\phi_2\uparrow$，$\phi_3\uparrow$，g 随 ϕ_i 的变化趋势

ϕ_1	0.98	0.9	0.8	0.7	0.6	0.5	0.4	0.3	0.2	0.1	0.01
ϕ_2	0.01	0.06	0.12	0.16	0.19	0.23	0.28	0.34	0.39	0.44	0.49
ϕ_3	0.01	0.04	0.08	0.14	0.21	0.27	0.32	0.36	0.41	0.46	0.5
$\Delta\omega_1$	141	129	114	100	87	74	61.9	50.6	40.4	31.8	26.3
$\Delta\omega_2$	31.3	33.9	38.2	41.4	44	47.6	52.4	58.4	63.6	69	74.5
$\Delta\omega_3$	47.3	48.6	50.8	54.6	59	63.2	66.4	68.9	71.9	74.8	77
$\dfrac{\partial\Delta\omega_1}{\partial\phi_1}$	150	147	142	137	131	125	117	108	95.1	76.5	36.2
$\dfrac{\partial\Delta\omega_2}{\partial\phi_2}$	35.9	63.3	77.8	84.4	88	93	97.8	102	106	109	111
$\dfrac{\partial\Delta\omega_3}{\partial\phi_3}$	34.7	51.2	59.7	64.9	66	65.3	63.6	61.7	58.9	55.7	52.9
g	4.087	4.094	4.11	4.1	4.09	4.07	4.05	4.03	3.98	3.93	3.9

（3）$\phi_i\uparrow\Rightarrow\Delta\omega_i\uparrow$，$\dfrac{\partial\Delta\omega_i}{\partial\phi_i}\uparrow$（$i=1$，2），$\phi_3\uparrow\Rightarrow\Delta\omega_3\uparrow\downarrow$，$\dfrac{\partial\Delta\omega_3}{\partial\phi_3}\uparrow\downarrow$

由前述分析可知，当 $\rho_i\leqslant\dfrac{2\pi^{4/3}}{3\sigma^2c^{1/3}}$（$i=1$，2），$\rho_3\geqslant\dfrac{2\pi^{4/3}}{\sigma^2c^{1/3}}$ 时，有

$\phi_i\uparrow\Rightarrow\Delta\omega_i\uparrow$，$\dfrac{\partial\Delta\omega_i}{\partial\phi_i}\uparrow$（$i=1$，2），$\phi_3\uparrow\Rightarrow\Delta\omega_3\uparrow\downarrow$，$\dfrac{\partial\Delta\omega_3}{\partial\phi_3}\uparrow\downarrow$。任意取参数

值 $\pi=70$、$c=40$、$\sigma=3$、$\begin{cases}m_1=40\\m_2=36\\m_3=50\end{cases}$ $\begin{cases}f_1=6\\f_2=3\\f_3=2\end{cases}$ $\begin{cases}\omega_1^0=8\\\omega_2^0=2\\\omega_3^0=1\end{cases}$ $\begin{cases}\rho_1=2\\\rho_2=5\\\rho_3=39\end{cases}$ $\begin{cases}\tau_1=0.4\\\tau_2=0.5\\\tau_3=0.1\end{cases}$，

$\dfrac{2\pi^{4/3}}{3\sigma^2c^{1/3}}=6.25$，$\dfrac{2\pi^{4/3}}{\sigma^2c^{1/3}}=18.75$，满足参数约束条件，可得表 4.25～表 4.27。

表 4.25 $\phi_1\downarrow$，$\phi_2\downarrow$，$\phi_3\uparrow$，g 随 ϕ_i 的变化趋势

ϕ_1	0.5	0.46	0.41	0.36	0.32	0.27	0.21	0.14	0.08	0.04	0.01
ϕ_2	0.49	0.44	0.39	0.34	0.28	0.23	0.19	0.16	0.12	0.06	0.01
ϕ_3	0.01	0.1	0.2	0.3	0.4	0.5	0.6	0.7	0.8	0.9	0.98
$\Delta\omega_1$	74	69	63	57.2	53	47.4	41.4	35	30.3	27.7	26.3
$\Delta\omega_2$	74.5	69	63.6	58.4	52	47.6	44	41.4	38.2	33.9	31.3
$\Delta\omega_3$	47.3	51.1	54.8	56.6	56	53.3	47.9	39.6	28.6	14.8	1.62
$\dfrac{\partial\Delta\omega_1}{\partial\phi_1}$	125	122	118	114	110	104	96.5	85.1	71.3	57	36.2
$\dfrac{\partial\Delta\omega_2}{\partial\phi_2}$	111	109	106	102	98	93	88.4	84.4	77.8	63.3	35.9
$\dfrac{\partial\Delta\omega_3}{\partial\phi_3}$	32.8	43.2	28.5	7.64	−16	−42	−68	−96	−124	−153	−176
g	4.26	4.2	4.13	4.06	3.97	3.87	3.77	3.65	3.52	3.36	3.08

表 4.26 $\phi_1\downarrow$，$\phi_2\uparrow$，$\phi_3\downarrow$，g 随 ϕ_i 的变化趋势

ϕ_1	0.5	0.46	0.41	0.36	0.32	0.27	0.21	0.14	0.08	0.04	0.01
ϕ_2	0.01	0.1	0.2	0.3	0.4	0.5	0.6	0.7	0.8	0.9	0.98
ϕ_3	0.49	0.44	0.39	0.34	0.28	0.23	0.19	0.16	0.12	0.06	0.01
$\Delta\omega_1$	74	69	63	57.2	53	47.4	41.4	35	30.3	27.7	26.3
$\Delta\omega_2$	31.3	36.6	44.9	54.4	65	75.6	86.9	98.6	111	123	133
$\Delta\omega_3$	53.7	55.4	56.4	56.7	56	55.5	54.5	53.5	52	49.3	47.3
$\dfrac{\partial\Delta\omega_1}{\partial\phi_1}$	125	122	118	114	110	104	96.5	85.1	71.3	57	36.2
$\dfrac{\partial\Delta\omega_2}{\partial\phi_2}$	35.9	73.8	89.7	99.4	106	111	115	118	121	122	123
$\dfrac{\partial\Delta\omega_3}{\partial\phi_3}$	−39	−26	−14	−1.6	12	22.6	30.3	35.4	41.1	45	32.8
g	3.84	3.9	3.96	4.02	4.08	4.11	4.122	4.116	4.11	4.12	4.14

表 4. 27 $\phi_1\downarrow$, $\phi_2\uparrow$, $\phi_3\uparrow$, g 随 ϕ_i 的变化趋势

ϕ_1	0.98	0.9	0.8	0.7	0.6	0.5	0.4	0.3	0.2	0.1	0.01
ϕ_2	0.01	0.06	0.12	0.16	0.19	0.23	0.28	0.34	0.39	0.44	0.49
ϕ_3	0.01	0.04	0.08	0.14	0.21	0.27	0.32	0.36	0.41	0.46	0.5
$\Delta\omega_1$	141	129	114	100	87	74	61.9	50.6	40.4	31.8	26.3
$\Delta\omega_2$	31.3	33.9	38.2	41.4	44	47.6	52.4	58.4	63.6	69	74.5
$\Delta\omega_3$	47.3	48.5	50.2	52.8	55	56.3	56.7	56.7	56	54.8	53.3
$\dfrac{\partial\Delta\omega_1}{\partial\phi_1}$	150	147	142	137	131	125	117	108	95.1	76.5	36.2
$\dfrac{\partial\Delta\omega_2}{\partial\phi_2}$	35.9	63.3	77.8	84.4	88	93	97.8	102	106	109	111
$\dfrac{\partial\Delta\omega_3}{\partial\phi_3}$	32.8	43.7	44.6	38.5	27	14.3	3.08	−6.3	−19	−31	−42
g	4.087	4.094	4.11	4.1	4.08	4.06	4.03	4.01	3.96	3.9	3.86

(4) $\phi_1\uparrow\Rightarrow\Delta\omega_1\uparrow$, $\dfrac{\partial\Delta\omega_1}{\partial\phi_1}\uparrow$, $\phi_i\uparrow\Rightarrow\Delta\omega_i\uparrow$, $\dfrac{\partial\Delta\omega_i}{\partial\phi_i}\uparrow\downarrow(i=2,3)$

由前述分析可知，当 $\rho_1\leqslant\dfrac{2\pi^{4/3}}{3\sigma^2c^{1/3}}$, $\dfrac{2\pi^{4/3}}{3\sigma^2c^{1/3}}<\rho_i<\dfrac{2\pi^{4/3}}{\sigma^2c^{1/3}}(i=2,3)$ 时，有

$\phi_1\uparrow\Rightarrow\Delta\omega_1\uparrow$, $\dfrac{\partial\Delta\omega_1}{\partial\phi_1}\uparrow$, $\phi_i\uparrow\Rightarrow\Delta\omega_i\uparrow$, $\dfrac{\partial\Delta\omega_i}{\partial\phi_i}\uparrow\downarrow(i=2,3)$ 。任意取参数值

$\pi=70$ 、$c=40$ 、$\sigma=3$ 、$\begin{cases}m_1=40\\m_2=36\\m_3=50\end{cases}$、$\begin{cases}f_1=6\\f_2=3\\f_3=2\end{cases}$、$\begin{cases}\omega_1^0=8\\\omega_2^0=2\\\omega_3^0=1\end{cases}$、$\begin{cases}\rho_1=2\\\rho_2=15\\\rho_3=18\end{cases}$、$\begin{cases}\tau_1=0.4\\\tau_2=0.5\\\tau_3=0.1\end{cases}$，

$\dfrac{2\pi^{4/3}}{3\sigma^2c^{1/3}}=6.25$, $\dfrac{2\pi^{4/3}}{\sigma^2c^{1/3}}=18.75$ ，满足参数约束条件，可得表 4.28 ~ 表 4.30。

表4.28 $\phi_1\downarrow$，$\phi_2\downarrow$，$\phi_3\uparrow$，g 随 ϕ_i 的变化趋势

ϕ_1	0.5	0.46	0.41	0.36	0.32	0.27	0.21	0.14	0.08	0.04	0.01
ϕ_2	0.49	0.44	0.39	0.34	0.28	0.23	0.19	0.16	0.12	0.06	0.01
ϕ_3	0.01	0.1	0.2	0.3	0.4	0.5	0.6	0.7	0.8	0.9	0.98
$\Delta\omega_1$	74	69	63	57.2	53	47.4	41.4	35	30.3	27.7	26.3
$\Delta\omega_2$	63.7	60.3	56.8	53.2	49	45.3	42.4	40.3	37.5	33.7	31.3
$\Delta\omega_3$	47.3	52.1	58.6	65.1	71	77	81.9	86	89.1	91.3	92.4
$\dfrac{\partial\Delta\omega_1}{\partial\phi_1}$	125	122	118	114	110	104	96.5	85.1	71.3	57	36.2
$\dfrac{\partial\Delta\omega_2}{\partial\phi_2}$	66.9	68.9	70.6	71.9	73	72.3	71.3	70	67	57.9	35
$\dfrac{\partial\Delta\omega_3}{\partial\phi_3}$	34.7	62.1	66.3	64.3	60	52.9	45.1	36.4	27	17.1	8.82
g	4.18	4.14	4.08	4.02	3.96	3.88	3.8	3.72	3.63	3.54	3.48

表4.29 $\phi_1\downarrow$，$\phi_2\uparrow$，$\phi_3\downarrow$，g 随 ϕ_i 的变化趋势

ϕ_1	0.5	0.46	0.41	0.36	0.32	0.27	0.21	0.14	0.08	0.04	0.01
ϕ_2	0.01	0.1	0.2	0.3	0.4	0.5	0.6	0.7	0.8	0.9	0.98
ϕ_3	0.49	0.44	0.39	0.34	0.28	0.23	0.19	0.16	0.12	0.06	0.01
$\Delta\omega_1$	74	69	63	57.2	53	47.4	41.4	35	30.3	27.7	26.3
$\Delta\omega_2$	31.3	36.2	43.1	50.3	57	64.3	70.7	76.6	81.8	86.3	89.3
$\Delta\omega_3$	76.4	73.7	70.7	67.7	64	60.5	57.9	55.9	53.3	49.7	47.3
$\dfrac{\partial\Delta\omega_1}{\partial\phi_1}$	125	122	118	114	110	104	96.5	85.1	71.3	57	36.2
$\dfrac{\partial\Delta\omega_2}{\partial\phi_2}$	35	64.8	71.7	72.4	70	66.4	61.3	55.3	48.6	41.4	35.3
$\dfrac{\partial\Delta\omega_3}{\partial\phi_3}$	53.6	57	60.1	62.7	65	66.1	66.2	65.7	63.8	56.3	34.7
g	3.88	3.92	3.96	4	4.03	4.04	4.02	3.99	3.96	3.95	3.94

表 4.30 $\phi_1\downarrow$，$\phi_2\uparrow$，$\phi_3\uparrow$，g 随 ϕ_i 的变化趋势

ϕ_1	0.98	0.9	0.8	0.7	0.6	0.5	0.4	0.3	0.2	0.1	0.01
ϕ_2	0.01	0.06	0.12	0.16	0.19	0.23	0.28	0.34	0.39	0.44	0.49
ϕ_3	0.01	0.04	0.08	0.14	0.21	0.27	0.32	0.36	0.41	0.46	0.5
$\Delta\omega_1$	141	129	114	100	87	74	61.9	50.6	40.4	31.8	26.3
$\Delta\omega_2$	31.3	33.7	37.5	40.3	42	45.3	48.9	53.2	56.8	60.3	63.7
$\Delta\omega_3$	47.3	48.6	50.8	54.6	59	63.2	66.4	68.9	71.9	74.8	77
$\dfrac{\partial\Delta\omega_1}{\partial\phi_1}$	150	147	142	137	131	125	117	108	95.1	76.5	36.2
$\dfrac{\partial\Delta\omega_2}{\partial\phi_2}$	35	57.9	67	70	71	72.3	72.6	71.9	70.6	68.9	66.9
$\dfrac{\partial\Delta\omega_3}{\partial\phi_3}$	34.7	51.2	59.7	64.9	66	65.3	63.6	61.7	58.9	55.7	52.9
g	4.087	4.091	4.1	4.09	4.06	4.04	4.01	3.98	3.93	3.86	3.82

（5）$\phi_1\uparrow\Rightarrow\Delta\omega_1\uparrow$，$\dfrac{\partial\Delta\omega_1}{\partial\phi_1}\uparrow$，$\phi_2\uparrow\Rightarrow\Delta\omega_2\uparrow$，$\dfrac{\partial\Delta\omega_2}{\partial\phi_2}\uparrow\downarrow$，$\phi_3\uparrow\Rightarrow\Delta\omega_3\uparrow\downarrow$，$\dfrac{\partial\Delta\omega_3}{\partial\phi_3}\uparrow\downarrow$

由前述分析可知，当 $\rho_1\leqslant\dfrac{2\pi^{4/3}}{3\sigma^2c^{1/3}}$，$\dfrac{2\pi^{4/3}}{3\sigma^2c^{1/3}}<\rho_2<\dfrac{2\pi^{4/3}}{\sigma^2c^{1/3}}$，$\rho_3\geqslant\dfrac{2\pi^{4/3}}{\sigma^2c^{1/3}}$ 时，有 $\phi_1\uparrow\Rightarrow\Delta\omega_1\uparrow$，$\dfrac{\partial\Delta\omega_1}{\partial\phi_1}\uparrow$，$\phi_2\uparrow\Rightarrow\Delta\omega_2\uparrow$，$\dfrac{\partial\Delta\omega_2}{\partial\phi_2}\uparrow\downarrow$，$\phi_3\uparrow\Rightarrow\Delta\omega_3\uparrow\downarrow$，$\dfrac{\partial\Delta\omega_3}{\partial\phi_3}\uparrow\downarrow$。任意取参数值 $\pi=70$、$c=40$、$\sigma=3$、$\begin{cases}m_1=40\\m_2=36\\m_3=50\end{cases}$、$\begin{cases}f_1=6\\f_2=3\\f_3=2\end{cases}$、$\begin{cases}\omega_1^0=8\\\omega_2^0=2\\\omega_3^0=1\end{cases}$、$\begin{cases}\rho_1=2\\\rho_2=15\\\rho_3=39\end{cases}$、$\begin{cases}\tau_1=0.4\\\tau_2=0.5\\\tau_3=0.1\end{cases}$，$\dfrac{2\pi^{4/3}}{3\sigma^2c^{1/3}}=6.25$，$\dfrac{2\pi^{4/3}}{\sigma^2c^{1/3}}=18.75$，满足参数约束条件，可得表 4.31～表 4.33。

表 4.31 $\phi_1 \downarrow$, $\phi_2 \downarrow$, $\phi_3 \uparrow$, g 随 ϕ_i 的变化趋势

ϕ_1	0.5	0.46	0.41	0.36	0.32	0.27	0.21	0.14	0.08	0.04	0.01
ϕ_2	0.49	0.44	0.39	0.34	0.28	0.23	0.19	0.16	0.12	0.06	0.01
ϕ_3	0.01	0.1	0.2	0.3	0.4	0.5	0.6	0.7	0.8	0.9	0.98
$\Delta\omega_1$	74	69	63	57.2	53	47.4	41.4	35	30.3	27.7	26.3
$\Delta\omega_2$	63.7	60.3	56.8	53.2	49	45.3	42.4	40.3	37.5	33.7	31.3
$\Delta\omega_3$	47.3	51.1	54.8	56.6	56	53.3	47.9	39.6	28.6	14.8	1.62
$\dfrac{\partial\Delta\omega_1}{\partial\phi_1}$	125	122	118	114	110	104	96.5	85.1	71.3	57	36.2
$\dfrac{\partial\Delta\omega_2}{\partial\phi_2}$	66.9	68.9	70.6	71.9	73	72.3	71.3	70	67	57.9	35
$\dfrac{\partial\Delta\omega_3}{\partial\phi_3}$	32.8	43.2	28.5	7.64	−16	−42	−68	−96	−124	−153	−176
g	4.18	4.14	4.08	4.01	3.94	3.85	3.75	3.64	3.51	3.36	3.08

表 4.32 $\phi_1 \downarrow$, $\phi_2 \uparrow$, $\phi_3 \downarrow$, g 随 ϕ_i 的变化趋势

ϕ_1	0.5	0.46	0.41	0.36	0.32	0.27	0.21	0.14	0.08	0.04	0.01
ϕ_2	0.01	0.1	0.2	0.3	0.4	0.5	0.6	0.7	0.8	0.9	0.98
ϕ_3	0.49	0.44	0.39	0.34	0.28	0.23	0.19	0.16	0.12	0.06	0.01
$\Delta\omega_1$	74	69	63	57.2	53	47.4	41.4	35	30.3	27.7	26.3
$\Delta\omega_2$	31.3	36.2	43.1	50.3	57	64.3	70.7	76.6	81.8	86.3	89.3
$\Delta\omega_3$	53.7	55.4	56.4	56.7	56	55.5	54.5	53.5	52	49.3	47.3
$\dfrac{\partial\Delta\omega_1}{\partial\phi_1}$	125	122	118	114	110	104	96.5	85.1	71.3	57	36.2
$\dfrac{\partial\Delta\omega_2}{\partial\phi_2}$	35	64.8	71.7	72.4	70	66.4	61.3	55.3	48.6	41.4	35.3
$\dfrac{\partial\Delta\omega_3}{\partial\phi_3}$	−39	−26	−14	−1.6	12	22.6	30.3	35.4	41.1	45	32.8
g	3.84	3.89	3.94	3.982	4.02	4.03	4.02	3.99	3.96	3.95	3.94

表 4.33　$\phi_1\downarrow$，$\phi_2\uparrow$，$\phi_3\uparrow$，g 随 ϕ_i 的变化趋势

ϕ_1	0.98	0.9	0.8	0.7	0.6	0.5	0.4	0.3	0.2	0.1	0.01
ϕ_2	0.01	0.06	0.12	0.16	0.19	0.23	0.28	0.34	0.39	0.44	0.49
ϕ_3	0.01	0.04	0.08	0.14	0.21	0.27	0.32	0.36	0.41	0.46	0.5
$\Delta\omega_1$	141	129	114	100	87	74	61.9	50.6	40.4	31.8	26.3
$\Delta\omega_2$	31.3	33.7	37.5	40.3	42	45.3	48.9	53.2	56.8	60.3	63.7
$\Delta\omega_3$	47.3	48.5	50.2	52.8	55	56.3	56.7	56.7	56	54.8	53.3
$\dfrac{\partial\Delta\omega_1}{\partial\phi_1}$	150	147	142	137	131	125	117	108	95.1	76.5	36.2
$\dfrac{\partial\Delta\omega_2}{\partial\phi_2}$	35	57.9	67	70	71	72.3	72.6	71.9	70.6	68.9	66.9
$\dfrac{\partial\Delta\omega_3}{\partial\phi_3}$	32.8	43.7	44.6	38.5	27	14.3	3.08	−6.3	−19	−31	−42
g	4.087	4.091	4.098	4.086	4.06	4.03	4	3.96	3.9	3.83	3.78

（6）$\phi_1\uparrow\Rightarrow\Delta\omega_1\uparrow$，$\dfrac{\partial\Delta\omega_1}{\partial\phi_1}\uparrow$，$\phi_i\uparrow\Rightarrow\Delta\omega_i\uparrow\downarrow$，$\dfrac{\partial\Delta\omega_i}{\partial\phi_i}\uparrow\downarrow(i=2,3)$

由前述分析可知，当 $\rho_1\leqslant\dfrac{2\pi^{4/3}}{3\sigma^2 c^{1/3}}$，$\rho_i\geqslant\dfrac{2\pi^{4/3}}{\sigma^2 c^{1/3}}(i=2,3)$ 时，有

$\phi_1\uparrow\Rightarrow\Delta\omega_1\uparrow$，$\dfrac{\partial\Delta\omega_1}{\partial\phi_1}\uparrow$，$\phi_i\uparrow\Rightarrow\Delta\omega_i\uparrow\downarrow$，$\dfrac{\partial\Delta\omega_i}{\partial\phi_i}\uparrow\downarrow(i=2,3)$。任意取参数

值 $\pi=70$、$c=40$、$\sigma=3$、$\begin{cases}m_1=40\\m_2=36\\m_3=50\end{cases}$、$\begin{cases}f_1=6\\f_2=3\\f_3=2\end{cases}$、$\begin{cases}\omega_1^0=8\\\omega_2^0=2\\\omega_3^0=1\end{cases}$、$\begin{cases}\rho_1=2\\\rho_2=35\\\rho_3=39\end{cases}$、$\begin{cases}\tau_1=0.4\\\tau_2=0.5\\\tau_3=0.1\end{cases}$，

$\dfrac{2\pi^{4/3}}{3\sigma^2 c^{1/3}}=6.25$，$\dfrac{2\pi^{4/3}}{\sigma^2 c^{1/3}}=18.75$，满足参数约束条件，可得表 4.34 ~ 表 4.36。

表 4.34　$\phi_1\downarrow$，$\phi_2\downarrow$，$\phi_3\uparrow$，g 随 ϕ_i 的变化趋势

ϕ_1	0.5	0.46	0.41	0.36	0.32	0.27	0.21	0.14	0.08	0.04	0.01
ϕ_2	0.49	0.44	0.39	0.34	0.28	0.23	0.19	0.16	0.12	0.06	0.01
ϕ_3	0.01	0.1	0.2	0.3	0.4	0.5	0.6	0.7	0.8	0.9	0.98
$\Delta\omega_1$	74	69	63	57.2	53	47.4	41.4	35	30.3	27.7	26.3

$\Delta\omega_2$	42.1	42.9	43.1	42.8	42	40.5	39.1	38	36.2	33.4	31.3
$\Delta\omega_3$	47.3	51.1	54.8	56.6	56	53.3	47.9	39.6	28.6	14.8	1.62
$\dfrac{\partial\Delta\omega_1}{\partial\phi_1}$	125	122	118	114	110	104	96.5	85.1	71.3	57	36.2
$\dfrac{\partial\Delta\omega_2}{\partial\phi_2}$	−21	−10	0.41	10.7	22	30.9	37.1	41.2	45.4	47.1	33.2
$\dfrac{\partial\Delta\omega_3}{\partial\phi_3}$	32.8	43.2	28.5	7.64	−16	−42	−68	−96	−124	−153	−176
g	3.98	3.97	3.94	3.9	3.86	3.79	3.71	3.61	3.49	3.35	3.08

表4.35 $\phi_1\downarrow$，$\phi_2\uparrow$，$\phi_3\downarrow$，g 随 ϕ_i 的变化趋势

ϕ_1	0.5	0.46	0.41	0.36	0.32	0.27	0.21	0.14	0.08	0.04	0.01
ϕ_2	0.01	0.1	0.2	0.3	0.4	0.5	0.6	0.7	0.8	0.9	0.98
ϕ_3	0.49	0.44	0.39	0.34	0.28	0.23	0.19	0.16	0.12	0.06	0.01
$\Delta\omega_1$	74	69	63	57.2	53	47.4	41.4	35	30.3	27.7	26.3
$\Delta\omega_2$	31.3	35.3	39.5	42.2	43	41.8	38.3	32.5	24.2	13.4	2.91
$\Delta\omega_3$	53.7	55.4	56.4	56.7	56	55.5	54.5	53.5	52	49.3	47.3
$\dfrac{\partial\Delta\omega_1}{\partial\phi_1}$	125	122	118	114	110	104	96.5	85.1	71.3	57	36.2
$\dfrac{\partial\Delta\omega_2}{\partial\phi_2}$	33.2	46.8	35.7	18.4	−2	−24	−47	−71	−95	−121	−141
$\dfrac{\partial\Delta\omega_3}{\partial\phi_3}$	−39	−26	−14	−1.6	12	22.6	30.3	35.4	41.1	45	32.8
g	3.84	3.88	3.9	3.89	3.87	3.81	3.71	3.56	3.35	3.02	2.23

表4.36 $\phi_1\downarrow$，$\phi_2\uparrow$，$\phi_3\uparrow$，g 随 ϕ_i 的变化趋势

ϕ_1	0.98	0.9	0.8	0.7	0.6	0.5	0.4	0.3	0.2	0.1	0.01
ϕ_2	0.01	0.06	0.12	0.16	0.19	0.23	0.28	0.34	0.39	0.44	0.49
ϕ_3	0.01	0.04	0.08	0.14	0.21	0.27	0.32	0.36	0.41	0.46	0.5
$\Delta\omega_1$	141	129	114	100	87	74	61.9	50.6	40.4	31.8	26.3
$\Delta\omega_2$	31.3	33.4	36.2	38	39	40.5	41.8	42.8	43.1	42.9	42.1

$\Delta\omega_3$	47.3	48.5	50.2	52.8	55	56.3	56.7	56.7	56	54.8	53.3
$\dfrac{\partial\Delta\omega_1}{\partial\phi_1}$	150	147	142	137	131	125	117	108	95.1	76.5	36.2
$\dfrac{\partial\Delta\omega_2}{\partial\phi_2}$	33.2	47.1	45.4	41.2	37	30.9	22.2	10.7	0.41	−10	−21
$\dfrac{\partial\Delta\omega_3}{\partial\phi_3}$	32.8	43.7	44.6	38.5	27	14.3	3.08	−6.3	−19	−31	−42
g	4.087	4.085	4.08	4.06	4.02	3.98	3.92	3.85	3.76	3.66	3.58

（7）$\phi_i\uparrow\Rightarrow\Delta\omega_i\uparrow$，$\dfrac{\partial\Delta\omega_i}{\partial\phi_i}\uparrow\downarrow$

由前述分析可知，当 $\dfrac{2\pi^{4/3}}{3\sigma^2 c^{1/3}}<\rho_i<\dfrac{2\pi^{4/3}}{\sigma^2 c^{1/3}}$ 时，有 $\phi_i\uparrow\Rightarrow\Delta\omega_i\uparrow$，

$\dfrac{\partial\Delta\omega_i}{\partial\phi_i}\uparrow\downarrow$。任意取参数值 $\pi=70$、$c=40$、$\sigma=3$、$\begin{cases}m_1=40\\m_2=36\\m_3=50\end{cases}$、$\begin{cases}f_1=6\\f_2=3\\f_3=2\end{cases}$、$\begin{cases}\omega_1^0=8\\\omega_2^0=2\\\omega_3^0=1\end{cases}$、

$\begin{cases}\rho_1=15\\\rho_2=18\\\rho_3=18.5\end{cases}$、$\begin{cases}\tau_1=0.4\\\tau_2=0.5\\\tau_3=0.1\end{cases}$，$\dfrac{2\pi^{4/3}}{3\sigma^2 c^{1/3}}=6.25$，$\dfrac{2\pi^{4/3}}{\sigma^2 c^{1/3}}=18.75$，满足参数约束条件，可

得表 4.37～表 4.39。

表 4.37　$\phi_1\downarrow$，$\phi_2\downarrow$，$\phi_3\uparrow$，g 随 ϕ_i 的变化趋势

ϕ_1	0.5	0.46	0.41	0.36	0.32	0.27	0.21	0.14	0.08	0.04	0.01
ϕ_2	0.49	0.44	0.39	0.34	0.28	0.23	0.19	0.16	0.12	0.06	0.01
ϕ_3	0.01	0.1	0.2	0.3	0.4	0.5	0.6	0.7	0.8	0.9	0.98
$\Delta\omega_1$	59.3	56.6	53.2	49.7	47	43.2	38.8	33.9	29.9	27.6	26.3
$\Delta\omega_2$	60.4	57.7	54.7	51.7	48	44.5	41.9	39.9	37.3	33.7	31.3
$\Delta\omega_3$	47.3	52	58.5	64.9	71	76.4	81.1	84.9	87.7	89.5	90.2
$\dfrac{\partial\Delta\omega_1}{\partial\phi_1}$	66.4	68.1	70	71.4	72	72.6	71.9	68.7	61.9	52.3	35

续表

$\frac{\partial\Delta\omega_2}{\partial\phi_2}$	53.6	57	60.1	62.7	65	66.1	66.2	65.7	63.8	56.3	34.7
$\frac{\partial\Delta\omega_3}{\partial\phi_3}$	34.7	61.7	65.4	63	58	50.7	42.4	33.2	23.4	13	4.41
g	4.07	4.04	4	3.95	3.9	3.84	3.77	3.7	3.62	3.54	3.48

表 4.38　$\phi_1\downarrow$，$\phi_2\uparrow$，$\phi_3\downarrow$，g 随 ϕ_i 的变化趋势

ϕ_1	0.5	0.46	0.41	0.36	0.32	0.27	0.21	0.14	0.08	0.04	0.01
ϕ_2	0.01	0.1	0.2	0.3	0.4	0.5	0.6	0.7	0.8	0.9	0.98
ϕ_3	0.49	0.44	0.39	0.34	0.28	0.23	0.19	0.16	0.12	0.06	0.01
$\Delta\omega_1$	59.3	56.6	53.2	49.7	47	43.2	38.8	33.9	29.9	27.6	26.3
$\Delta\omega_2$	31.3	36.1	42.6	49.1	55	61	65.9	70	73.1	75.3	76.4
$\Delta\omega_3$	75.9	73.2	70.4	67.4	64	60.4	57.8	55.9	53.3	49.7	47.3
$\frac{\partial\Delta\omega_1}{\partial\phi_1}$	66.4	68.1	70	71.4	72	72.6	71.9	68.7	61.9	52.3	35
$\frac{\partial\Delta\omega_2}{\partial\phi_2}$	34.7	62.1	66.3	64.3	60	52.9	45.1	36.4	27	17.1	8.82
$\frac{\partial\Delta\omega_3}{\partial\phi_3}$	51.4	55.1	58.3	61.1	64	65.1	65.4	64.9	63.2	56.1	34.7
g	3.79	3.84	3.89	3.93	3.96	3.97	3.96	3.94	3.9	3.88	3.86

表 4.39　$\phi_1\downarrow$，$\phi_2\uparrow$，$\phi_3\uparrow$，g 随 ϕ_i 的变化趋势

ϕ_1	0.98	0.9	0.8	0.7	0.6	0.5	0.4	0.3	0.2	0.1	0.01
ϕ_2	0.01	0.06	0.12	0.16	0.19	0.23	0.28	0.34	0.39	0.44	0.49
ϕ_3	0.01	0.04	0.08	0.14	0.21	0.27	0.32	0.36	0.41	0.46	0.5
$\Delta\omega_1$	84.3	81.3	76.8	71.6	66	59.3	52.5	45.3	38.1	31.2	26.3
$\Delta\omega_2$	31.3	33.7	37.3	39.9	42	44.5	47.8	51.7	54.7	57.7	60.4
$\Delta\omega_3$	47.3	48.6	50.8	54.6	59	63	66.2	68.7	71.5	74.3	76.4
$\frac{\partial\Delta\omega_1}{\partial\phi_1}$	35.3	41.4	48.6	55.3	61	66.4	70.3	72.4	71.7	64.8	35
$\frac{\partial\Delta\omega_2}{\partial\phi_2}$	34.7	56.3	63.8	65.7	66	66.1	65	62.7	60.1	57	53.6
$\frac{\partial\Delta\omega_3}{\partial\phi_3}$	34.7	51	59.4	64.3	65	64.1	62.1	60.1	57.1	53.6	50.7
g	3.88	3.91	3.94	3.9516	3.9525	3.945	3.94	3.92	3.88	3.83	3.79

(8) $\phi_i \uparrow \Rightarrow \Delta\omega_i \uparrow$, $\dfrac{\partial \Delta\omega_i}{\partial \phi_i} \uparrow \downarrow$ ($i = 1$, 2), $\phi_3 \uparrow \Rightarrow \Delta\omega_3 \uparrow \downarrow$, $\dfrac{\partial \Delta\omega_3}{\partial \phi_3} \uparrow \downarrow$

由前述分析可知，当 $\dfrac{2\pi^{4/3}}{3\sigma^2 c^{1/3}} < \rho_i < \dfrac{2\pi^{4/3}}{\sigma^2 c^{1/3}}$ ($i = 1$，2)，$\rho_3 \geqslant \dfrac{2\pi^{4/3}}{\sigma^2 c^{1/3}}$ 时，有

$\phi_i \uparrow \Rightarrow \Delta\omega_i \uparrow$，$\dfrac{\partial \Delta\omega_i}{\partial \phi_i} \uparrow \downarrow$（$i = 1$，2），$\phi_3 \uparrow \Rightarrow \Delta\omega_3 \uparrow \downarrow$，$\dfrac{\partial \Delta\omega_3}{\partial \phi_3} \uparrow \downarrow$。任意取参

数值 $\pi = 70$、$c = 40$、$\sigma = 3$、$\begin{cases} m_1 = 40 \\ m_2 = 36 \\ m_3 = 50 \end{cases}$ $\begin{cases} f_1 = 6 \\ f_2 = 3 \\ f_3 = 2 \end{cases}$ $\begin{cases} \omega_1^0 = 8 \\ \omega_2^0 = 2 \\ \omega_3^0 = 1 \end{cases}$ $\begin{cases} \rho_1 = 15 \\ \rho_2 = 18 \\ \rho_3 = 39 \end{cases}$ $\begin{cases} \tau_1 = 0.4 \\ \tau_2 = 0.5 \\ \tau_3 = 0.1 \end{cases}$，

$\dfrac{2\pi^{4/3}}{3\sigma^2 c^{1/3}} = 6.25$，$\dfrac{2\pi^{4/3}}{\sigma^2 c^{1/3}} = 18.75$，满足参数约束条件，可得表4.40 ~ 表4.42。

表4.40 $\phi_1 \downarrow$，$\phi_2 \downarrow$，$\phi_3 \uparrow$，g 随 ϕ_i 的变化趋势

ϕ_1	0.5	0.46	0.41	0.36	0.32	0.27	0.21	0.14	0.08	0.04	0.01
ϕ_2	0.49	0.44	0.39	0.34	0.28	0.23	0.19	0.16	0.12	0.06	0.01
ϕ_3	0.01	0.1	0.2	0.3	0.4	0.5	0.6	0.7	0.8	0.9	0.98
$\Delta\omega_1$	59.3	56.6	53.2	49.7	47	43.2	38.8	33.9	29.9	27.6	26.3
$\Delta\omega_2$	60.4	57.7	54.7	51.7	48	44.5	41.9	39.9	37.3	33.7	31.3
$\Delta\omega_3$	47.3	51.1	54.8	56.6	56	53.3	47.9	39.6	28.6	14.8	1.62
$\dfrac{\partial \Delta\omega_1}{\partial \phi_1}$	66.4	68.1	70	71.4	72	72.6	71.9	68.7	61.9	52.3	35
$\dfrac{\partial \Delta\omega_2}{\partial \phi_2}$	53.6	57	60.1	62.7	65	66.1	66.2	65.7	63.8	56.3	34.7
$\dfrac{\partial \Delta\omega_3}{\partial \phi_3}$	32.8	43.2	28.5	7.64	−16	−42	−68	−96	−124	−153	−176
g	4.07	4.04	3.99	3.94	3.88	3.8	3.72	3.62	3.5	3.36	3.08

表4.41 $\phi_1 \downarrow$，$\phi_2 \uparrow$，$\phi_3 \downarrow$，g 随 ϕ_i 的变化趋势

ϕ_1	0.5	0.46	0.41	0.36	0.32	0.27	0.21	0.14	0.08	0.04	0.01
ϕ_2	0.01	0.1	0.2	0.3	0.4	0.5	0.6	0.7	0.8	0.9	0.98
ϕ_3	0.49	0.44	0.39	0.34	0.28	0.23	0.19	0.16	0.12	0.06	0.01
$\Delta\omega_1$	59.3	56.6	53.2	49.7	47	43.2	38.8	33.9	29.9	27.6	26.3

续表

$\Delta\omega_2$	31.3	36.1	42.6	49.1	55	61	65.9	70	73.1	75.3	76.4
$\Delta\omega_3$	53.7	55.4	56.4	56.7	56	55.5	54.5	53.5	52	49.3	47.3
$\dfrac{\partial\Delta\omega_1}{\partial\phi_1}$	66.4	68.1	70	71.4	72	72.6	71.9	68.7	61.9	52.3	35
$\dfrac{\partial\Delta\omega_2}{\partial\phi_2}$	34.7	62.1	66.3	64.3	60	52.9	45.1	36.4	27	17.1	8.82
$\dfrac{\partial\Delta\omega_3}{\partial\phi_3}$	-39	-26	-14	-1.6	12	22.6	30.3	35.4	41.1	45	32.8
g	3.75	3.81	3.87	3.91	3.95	3.963	3.957	3.93	3.9	3.88	3.86

表 4.42 $\phi_1\downarrow$，$\phi_2\uparrow$，$\phi_3\uparrow$，g 随 ϕ_i 的变化趋势

ϕ_1	0.98	0.9	0.8	0.7	0.6	0.5	0.4	0.3	0.2	0.1	0.01
ϕ_2	0.01	0.06	0.12	0.16	0.19	0.23	0.28	0.34	0.39	0.44	0.49
ϕ_3	0.01	0.04	0.08	0.14	0.21	0.27	0.32	0.36	0.41	0.46	0.5
$\Delta\omega_1$	84.3	81.3	76.8	71.6	66	59.3	52.5	45.3	38.1	31.2	26.3
$\Delta\omega_2$	31.3	33.7	37.3	39.9	42	44.5	47.8	51.7	54.7	57.7	60.4
$\Delta\omega_3$	47.3	48.5	50.2	52.2	55	56.3	56.7	56.7	56	54.8	53.3
$\dfrac{\partial\Delta\omega_1}{\partial\phi_1}$	35.3	41.4	48.6	55.3	61	66.4	70.3	72.4	71.7	64.8	35
$\dfrac{\partial\Delta\omega_2}{\partial\phi_2}$	34.7	56.3	63.8	65.7	66	66.1	65	62.7	60.1	57	53.6
$\dfrac{\partial\Delta\omega_3}{\partial\phi_3}$	32.8	43.7	44.6	38.5	27	14.3	3.08	-6.3	-19	-31	-42
g	3.88	3.91	3.94	3.948	3.945	3.93	3.92	3.9	3.86	3.8	3.76

（9）$\phi_1\uparrow\Rightarrow\Delta\omega_1\uparrow$，$\dfrac{\partial\Delta\omega_1}{\partial\phi_1}\uparrow\downarrow$，$\phi_i\uparrow\Rightarrow\Delta\omega_i\uparrow\downarrow$，$\dfrac{\partial\Delta\omega_i}{\partial\phi_i}\uparrow\downarrow$（$i=2$，3）

由前述分析可知，当 $\dfrac{2\pi^{4/3}}{3\sigma^2 c^{1/3}}<\rho_1<\dfrac{2\pi^{4/3}}{\sigma^2 c^{1/3}}$，$\rho_i\geqslant\dfrac{2\pi^{4/3}}{\sigma^2 c^{1/3}}$（$i=2$，3）时，有

$\phi_1\uparrow\Rightarrow\Delta\omega_1\uparrow$，$\dfrac{\partial\Delta\omega_1}{\partial\phi_1}\uparrow\downarrow$，$\phi_i\uparrow\Rightarrow\Delta\omega_i\uparrow\downarrow$，$\dfrac{\partial\Delta\omega_i}{\partial\phi_i}\uparrow\downarrow$（$i=2$，3）。任意取参

数值 $\pi = 70$、$c = 40$、$\sigma = 3$，$\begin{cases} m_1 = 40 \\ m_2 = 36 \\ m_3 = 50 \end{cases}$ $\begin{cases} f_1 = 6 \\ f_2 = 3 \\ f_3 = 2 \end{cases}$ $\begin{cases} \omega_1^0 = 8 \\ \omega_2^0 = 2 \\ \omega_3^0 = 1 \end{cases}$ $\begin{cases} \rho_1 = 15 \\ \rho_2 = 35 \\ \rho_3 = 39 \end{cases}$ $\begin{cases} \tau_1 = 0.4 \\ \tau_2 = 0.5 \\ \tau_3 = 0.1 \end{cases}$，

$\dfrac{2\pi^{4/3}}{3\sigma^2 c^{1/3}} = 6.25$，$\dfrac{2\pi^{4/3}}{\sigma^2 c^{1/3}} = 18.75$，满足参数约束条件，可得表 4.43 ~ 表 4.45。

表 4.43 $\phi_1\downarrow$，$\phi_2\downarrow$，$\phi_3\uparrow$，g 随 ϕ_i 的变化趋势

ϕ_1	0.5	0.46	0.41	0.36	0.32	0.27	0.21	0.14	0.08	0.04	0.01
ϕ_2	0.49	0.44	0.39	0.34	0.28	0.23	0.19	0.16	0.12	0.06	0.01
ϕ_3	0.01	0.1	0.2	0.3	0.4	0.5	0.6	0.7	0.8	0.9	0.98
$\Delta\omega_1$	59.3	56.6	53.2	49.7	47	43.2	38.8	33.9	29.9	27.6	26.3
$\Delta\omega_2$	42.1	42.9	43.1	42.8	42	40.5	39.1	38	36.2	33.4	31.3
$\Delta\omega_3$	47.3	51.1	54.8	56.6	56	53.3	47.9	39.6	28.6	14.8	1.62
$\dfrac{\partial\Delta\omega_1}{\partial\phi_1}$	66.4	68.1	70	71.4	72	72.6	71.9	68.7	61.9	52.3	35
$\dfrac{\partial\Delta\omega_2}{\partial\phi_2}$	−21	−10	0.41	10.7	22	30.9	37.1	41.2	45.4	47.1	33.2
$\dfrac{\partial\Delta\omega_3}{\partial\phi_3}$	32.8	43.2	28.5	7.64	−16	−42	−68	−96	−124	−153	−176
g	3.889	3.888	3.87	3.84	3.81	3.75	3.68	3.6	3.49	3.35	3.08

表 4.44 $\phi_1\downarrow$，$\phi_2\uparrow$，$\phi_3\downarrow$，g 随 ϕ_i 的变化趋势

ϕ_1	0.5	0.46	0.41	0.36	0.32	0.27	0.21	0.14	0.08	0.04	0.01
ϕ_2	0.01	0.1	0.2	0.3	0.4	0.5	0.6	0.7	0.8	0.9	0.98
ϕ_3	0.49	0.44	0.39	0.34	0.28	0.23	0.19	0.16	0.12	0.06	0.01
$\Delta\omega_1$	59.3	56.6	53.2	49.7	47	43.2	38.8	33.9	29.9	27.6	26.3
$\Delta\omega_2$	31.3	35.3	39.5	42.2	43	41.8	38.3	32.5	24.2	13.4	2.91
$\Delta\omega_3$	53.7	55.4	56.4	56.7	56	55.5	54.5	53.5	52	49.3	47.3
$\dfrac{\partial\Delta\omega_1}{\partial\phi_1}$	66.4	68.1	70	71.4	72	72.6	71.9	68.7	61.9	52.3	35
$\dfrac{\partial\Delta\omega_2}{\partial\phi_2}$	33.2	46.8	35.7	18.4	−2	−24	−47	−71	−95	−121	−141
$\dfrac{\partial\Delta\omega_3}{\partial\phi_3}$	−39	−26	−14	−1.6	12	22.6	30.3	35.4	41.1	45	32.8
g	3.75	3.8	3.831	3.837	3.82	3.77	3.69	3.55	3.35	3.01	2.23

表 4.45 $\phi_1\downarrow$, $\phi_2\uparrow$, $\phi_3\uparrow$, g 随 ϕ_i 的变化趋势

ϕ_1	0.98	0.9	0.8	0.7	0.6	0.5	0.4	0.3	0.2	0.1	0.01
ϕ_2	0.01	0.06	0.12	0.16	0.19	0.23	0.28	0.34	0.39	0.44	0.49
ϕ_3	0.01	0.04	0.08	0.14	0.21	0.27	0.32	0.36	0.41	0.46	0.5
$\Delta\omega_1$	84.3	81.3	76.8	71.6	66	59.3	52.5	45.3	38.1	31.2	26.3
$\Delta\omega_2$	31.3	33.4	36.2	38	39	40.5	41.8	42.8	43.1	42.9	42.1
$\Delta\omega_3$	47.3	48.5	50.2	52.8	55	56.3	56.7	56.7	56	54.8	53.3
$\dfrac{\partial\Delta\omega_1}{\partial\phi_1}$	35.3	41.4	48.6	55.3	61	66.4	70.3	72.4	71.7	64.8	35
$\dfrac{\partial\Delta\omega_2}{\partial\phi_2}$	33.2	47.1	45.4	41.2	37	30.9	22.2	10.7	0.41	−10	−21
$\dfrac{\partial\Delta\omega_3}{\partial\phi_3}$	32.8	43.7	44.6	38.5	27	14.3	3.08	−6.3	−19	−31	−42
g	3.88	3.9	3.922	3.924	3.91	3.89	3.85	3.808	3.74	3.66	3.57

（10）$\phi_i\uparrow\Rightarrow\Delta\omega_i\uparrow\downarrow$, $\dfrac{\partial\Delta\omega_i}{\partial\phi_i}\uparrow\downarrow$

由前述分析可知，当 $\rho_i\geqslant\dfrac{2\pi^{4/3}}{\sigma^2c^{1/3}}$ 时，有 $\phi_i\uparrow\Rightarrow\Delta\omega_i\uparrow\downarrow$, $\dfrac{\partial\Delta\omega_i}{\partial\phi_i}\uparrow\downarrow$。任

意取参数值 $\pi=70$、$c=40$、$\sigma=3$、$\begin{cases}m_1=40\\m_2=36\\m_3=50\end{cases}$、$\begin{cases}f_1=6\\f_2=3\\f_3=2\end{cases}$、$\begin{cases}\omega_1^0=8\\\omega_2^0=2\\\omega_3^0=1\end{cases}$、$\begin{cases}\rho_1=33\\\rho_2=35\\\rho_3=39\end{cases}$、

$\begin{cases}\tau_1=0.4\\\tau_2=0.5\\\tau_3=0.1\end{cases}$，$\dfrac{2\pi^{4/3}}{3\sigma^2c^{1/3}}=6.25$，$\dfrac{2\pi^{4/3}}{\sigma^2c^{1/3}}=18.75$，满足参数约束条件，可得表 4.46 ~

表 4.48。

表 4.46 $\phi_1\downarrow$, $\phi_2\downarrow$, $\phi_3\uparrow$, g 随 ϕ_i 的变化趋势

ϕ_1	0.5	0.46	0.41	0.36	0.32	0.27	0.21	0.14	0.08	0.04	0.01
ϕ_2	0.49	0.44	0.39	0.34	0.28	0.23	0.19	0.16	0.12	0.06	0.01
ϕ_3	0.01	0.1	0.2	0.3	0.4	0.5	0.6	0.7	0.8	0.9	0.98
$\Delta\omega_1$	39.1	39.5	39.6	39.2	38	37.3	35.2	32	29	27.5	26.3

续表

$\Delta\omega_2$	42.1	42.9	43.1	42.8	42	40.5	39.1	38	36.2	33.4	31.3
$\Delta\omega_3$	47.3	51.1	54.8	56.6	56	53.3	47.9	39.6	28.6	14.8	1.62
$\dfrac{\partial\Delta\omega_1}{\partial\phi_1}$	−15	−6.4	3.56	13.1	20	28.9	37.9	46	49	45.8	33.4
$\dfrac{\partial\Delta\omega_2}{\partial\phi_2}$	−21	−10	0.41	10.7	22	30.9	37.1	41.2	45.4	47.1	33.2
$\dfrac{\partial\Delta\omega_3}{\partial\phi_3}$	32.8	43.2	28.5	7.64	−16	−42	−68	−96	−124	−153	−176
g	3.72	3.74	3.754	3.75	3.72	3.7	3.64	3.57	3.48	3.35	3.08

表 4.47 $\phi_1\downarrow$，$\phi_2\uparrow$，$\phi_3\downarrow$，g 随 ϕ_i 的变化趋势

ϕ_1	0.5	0.46	0.41	0.36	0.32	0.27	0.21	0.14	0.08	0.04	0.01
ϕ_2	0.01	0.1	0.2	0.3	0.4	0.5	0.6	0.7	0.8	0.9	0.98
ϕ_3	0.49	0.44	0.39	0.34	0.28	0.23	0.19	0.16	0.12	0.06	0.01
$\Delta\omega_1$	39.1	39.5	39.6	39.2	38	37.3	35.2	32	29	27.5	26.3
$\Delta\omega_2$	31.3	35.3	39.5	42.2	43	41.8	38.3	32.5	24.2	13.4	2.91
$\Delta\omega_3$	53.7	55.4	56.4	56.7	56	55.5	54.5	53.5	52	49.3	47.3
$\dfrac{\partial\Delta\omega_1}{\partial\phi_1}$	−15	−6.4	3.56	13.1	20	28.9	37.9	46	49	45.8	33.4
$\dfrac{\partial\Delta\omega_2}{\partial\phi_2}$	33.2	46.8	35.7	18.4	−2	−24	−47	−71	−95	−121	−141
$\dfrac{\partial\Delta\omega_3}{\partial\phi_3}$	−39	−26	−14	−1.6	12	22.6	30.3	35.4	41.1	45	32.8
g	3.59	3.65	3.71	3.743	3.74	3.72	3.65	3.52	3.33	3.01	2.23

表 4.48 $\phi_1\downarrow$，$\phi_2\uparrow$，$\phi_3\uparrow$，g 随 ϕ_i 的变化趋势

ϕ_1	0.98	0.9	0.8	0.7	0.6	0.5	0.4	0.3	0.2	0.1	0.01
ϕ_2	0.01	0.06	0.12	0.16	0.19	0.23	0.28	0.34	0.39	0.44	0.49
ϕ_3	0.01	0.04	0.08	0.14	0.21	0.27	0.32	0.36	0.41	0.46	0.5
$\Delta\omega_1$	6.55	15.7	24.9	31.9	37	39.1	39.5	38	34.9	30.4	26.3
$\Delta\omega_2$	31.3	33.4	36.2	38	39	40.5	41.8	42.8	43.1	42.9	42.1

续表

$\Delta\omega_3$	47.3	48.5	50.2	52.8	55	56.3	56.7	56.7	56	54.8	53.3
$\dfrac{\partial\Delta\omega_1}{\partial\phi_1}$	−123	−104	−81	−58	−36	−15	5.51	23.8	39.3	48.6	33.4
$\dfrac{\partial\Delta\omega_2}{\partial\phi_2}$	33.2	47.1	45.4	41.2	37	30.9	22.2	10.7	0.41	−10	−21
$\dfrac{\partial\Delta\omega_3}{\partial\phi_3}$	32.8	43.7	44.6	38.5	27	14.3	3.08	−6.3	−19	−31	−42
g	2.86	3.24	3.47	3.6	3.67	3.72	3.74	3.738	3.7	3.64	3.57

（11）小结

综合分析表4.19~表4.48可得，当 $\rho_1 \leqslant \rho_2 \leqslant \rho_3$，其他参数一定时，成员 e_i 的 ϕ_i 变化对联盟总福利 g 的影响受到 ρ_i 的影响。具体如下：

$\phi_1\downarrow$，$\phi_2\downarrow$，$\phi_3\uparrow \Rightarrow g\downarrow$，$\rho_1 \geqslant \dfrac{2\pi^{4/3}}{\sigma^2 c^{1/3}}$ 时除外；$\rho_1 \leqslant \dfrac{2\pi^{4/3}}{3\sigma^2 c^{1/3}}$，$\rho_i \geqslant \dfrac{2\pi^{4/3}}{\sigma^2 c^{1/3}}$（$i=$ 2，3）时，$\phi_1\downarrow$，$\phi_2\uparrow$，$\phi_3\uparrow \Rightarrow g\downarrow$。

$\phi_1\uparrow$，$\phi_2\uparrow$，$\phi_3\downarrow \Rightarrow g\uparrow$，$\rho_1 \geqslant \dfrac{2\pi^{4/3}}{\sigma^2 c^{1/3}}$ 时除外；$\rho_1 \leqslant \dfrac{2\pi^{4/3}}{3\sigma^2 c^{1/3}}$，$\rho_i \geqslant \dfrac{2\pi^{4/3}}{\sigma^2 c^{1/3}}$（$i=$ 2，3）时，$\phi_1\uparrow$，$\phi_2\downarrow$，$\phi_3\downarrow \Rightarrow g\uparrow$。

$\rho_i \leqslant \dfrac{2\pi^{4/3}}{3\sigma^2 c^{1/3}}$（$i=$ 1，2）时，有 $\phi_1\downarrow$，$\phi_2\uparrow$，$\phi_3\downarrow \Rightarrow g\uparrow\downarrow\uparrow$，$\phi_1\downarrow$，$\phi_2\uparrow$，$\phi_3\downarrow \Rightarrow g\downarrow\uparrow\downarrow$。

其余情况下，联盟总福利 g 基本呈先升后降的趋势。

进一步数据分析可知，只有当成员 $e_i\left(\dfrac{\tau_i}{\Delta\omega_i} \cdot \dfrac{\partial\Delta\omega_i}{\partial\phi_i} = \max\left\{\dfrac{\tau_k}{\Delta\omega_k} \cdot \dfrac{\partial\Delta\omega_k}{\partial\phi_k}\right.\right.$（$k=$ 1，2，…，s）$\left.\left.\right)\right)$ 的产出分享比例提高，且成员 $e_j\left(\dfrac{\tau_j}{\Delta\omega_j} \cdot \dfrac{\partial\Delta\omega_j}{\partial\phi_j} = \min\left\{\dfrac{\tau_k}{\Delta\omega_k} \cdot \dfrac{\partial\Delta\omega_k}{\partial\phi_k}\right.\right.$（$k=$ 1，2，…，s）$\left.\left.\right)\right)$ 的产出分享比例降低时，才能保证联盟总福利会增加。

4.6 本 章 总 结

产业技术创新联盟本质上是一个合伙型技术创新项目团队。成员之间构成近似"平等型联盟"，形成互为委托代理关系，存在偷懒和搭便车的"道德风险"。针对产业技术创新联盟存在的高管理风险、高技术风险和高机会主义风险，本章运用项目管理理论、合作博弈论、互为委托代理理论、相互激励理论、团队生产理论等相关理论和方法，在联盟产出基数、成本基数、收益不确定程度及各成员需缴纳的入盟基金、可享受的政策优惠、谈判力为共识，各成员的风险规避度和谈判威胁点为私人信息的情况下，运用合作博弈模型，从收益分配角度设计防风险厌恶型成员"道德风险"的相互激励机制，以促进成员积极投入创新活动并促进成员个体效用和联盟总福利不断增大。然后运用算例对模型结果进行验证和讨论，研究得出结论如下。

1）成员的努力程度会随着产出分享比例、联盟产出基数的增加而提高，随着联盟成本基数的增加而降低。即联盟产出基数越大、成本基数越小，成员得到的产出分享比例越高，都会激励成员越发努力地投入技术创新活动。

2）成员的个体效用会随着政策优惠力度、联盟产出基数的增加而增加；随着联盟成本基数、联盟收益不确定程度、成员风险规避度、需缴纳的入盟基金、谈判威胁点的增加而减少；随着成员努力程度先增后减。

3）成员个体效用随着产出分享比例的提高则先增后减，且受到成员风险规避度的影响。对于风险规避度越高的成员，增加产出分享比例对其个体效用增加的贡献越小。而成员风险规避度又受到联盟产出基数、联盟成本基数、联盟收益不确定程度的影响。

4）联盟总福利会随着政策优惠力度、联盟产出基数的增加而增加；随着联盟成本基数、联盟收益不确定程度、成员风险规避度、需缴纳的入盟基金、谈判威胁点的增加而减少；随着成员努力程度先增后减。

5）联盟总福利与成员加权因子的关系受到成员个体效用的影响，提高个体效用最大成员的加权因子，且降低个体效用最小成员的加权因子，可保证联盟总福利增加；且尽量使个体效用最大成员的加权因子提高得多些，个体效用最小成员的加权因子下降得多些，可使联盟总福利增加得愈多。

6）联盟总福利随着成员产出分享比例 ϕ_i 的变化则呈现复杂多变的趋势，且受到成员风险规避度 ρ_i 的影响，需结合 ρ_i、ϕ_i 综合考虑。提高成员

$$e_i\left(\frac{\tau_i}{\Delta\omega_i}\cdot\frac{\partial\Delta\omega_i}{\partial\phi_i}=\max\left\{\frac{\tau_k}{\Delta\omega_k}\cdot\frac{\partial\Delta\omega_k}{\partial\phi_k}(k=1,2,\cdots,s)\right\}\right)$$ 的产出分享比例，且

降低成员 $e_j\left(\dfrac{\tau_j}{\Delta\omega_j}\cdot\dfrac{\partial\Delta\omega_j}{\partial\phi_j}=\min\left\{\dfrac{\tau_k}{\Delta\omega_k}\cdot\dfrac{\partial\Delta\omega_k}{\partial\phi_k}(k=1,\ 2,\ \cdots,\ s)\right\}\right)$ 的产出分享比例，可保证联盟总福利增加；且尽量使 ϕ_i 提高得多些，ϕ_j 下降得多些，可使联盟总福利增加得愈多。

第5章　政府对产业技术创新联盟的支持和激励

产业技术创新联盟的发展呈现出政策化倾向而非市场化行为，其弊端是显而易见的。也在一定程度上提升了联盟成员"逆向选择""道德风险"的机会主义倾向。导致联盟过多、过大，运作中重宣传轻实践，华而不实、效率低下。那么，作为技术创新的主要推动和促进力量之一，政府该如何正确支持和激励产业技术创新联盟的健康高效发展，就成了亟待解决的关键问题。本章从产业技术创新联盟的特殊性出发，对政府在不同模式下的产业技术创新联盟以及在联盟生命周期各个阶段中的支持和激励措施进行分析，以促进产业技术创新联盟健康发展。

5.1　政府支持产业技术创新联盟发展的重要性

5.1.1　战略产业的发展离不开政府支持

美国经济学家 A. O. Hirschman 最早提出战略产业的概念，并将其视同于主导产业。战略产业（strategic industry）是指一定时期内，对地区、国家经济持续增长和产业优化升级具有重要战略意义的产业，是地区或国家综合竞争力的主要体现。战略产业是一个相对的概念，一些具有发展前途的新兴产业将会不断取代一些传统的战略产业，而成为新的战略产业。战略产业有可能成为未来经济发展中的主导产业和支柱产业，是决定国家整体经济实力的基础力量。战略产业的发展不仅关系到国民经济增长，而且关系到一国在世界政治经济及军事事务中的战略行动能力，甚至国家安危。因此，任何国家都不会放任这类产业在全球竞争中自生自灭，而是普遍通过政策加以保护和扶持。国家意志在发展战略产业中的作用十分重要。[156,157]

5.1.2　技术创新离不开政府支持

技术创新的复杂性、提高国家产业核心竞争力、提高资源配置效率及扩张市场机能、解决合作创新困境的需要，决定了政府干预技术创新活动的必要性。政府在合作技术创新中发挥着越来越重要的作用，主要基于以下原因。

1. 技术创新模式发生了根本改变

外生经济增长理论[158]及内生经济增长理论均[159,160]提出，经济增长的主要动力之一是技术创新。自20世纪90年代世界经济由工业经济向知识经济过渡以来，技术创新逐渐成为国家综合竞争力的重要标志，国家与国家之间的竞争从产品销售阶段延伸到研究开发阶段，技术创新从注重技术突破到注重技术融合。原来以企业为唯一主体的技术创新模式无法整合地区乃至全国的资源，已无力完成推动国家层面技术创新的使命。各国政府逐渐更深入、更广泛地参与到技术创新的过程中，在整合跨地区、跨行业、跨领域资源及通过政策、法规等手段推动技术创新的作用日益突显。[93,158-160]

20世纪90年代中后期开始流行的"三螺旋理论"即解释了高校、企业和政府在知识经济时代作为创新活动的三大主体，如何相互支持、促进国家或区域创新能力螺旋式上升的新机制。政府是其中的制度创新主体，可以凭借自身的特殊地位和资源优势，利用行政、经济、法律等宏观调控手段，引导和支持创新系统内企业界与学研界的创新活动，是产学研结合的根本保证。例如，起源于产学研合作的硅谷如今已越来越离不开政府的大力支持。[14]

2. 技术创新中存在"市场失灵"

市场失灵（market failure）指在某些领域，市场经济体制不能使社会资源配置实现"帕累托最优"，最早由 Francis M. Bator 于1958年在 *The Anatomy of Market Failure* 中提出。市场失灵主要表现在外部性、市场的不完全性、信息的不完全性、竞争的不完全性四个方面。此外，还表现在市场行为的短期性和滞后性、市场具有生态环境上的界限、市场不能规避投机行为的产生等诸多方面。[161]

技术创新中知识、技术的产生和溢出过程，包含了新的显性和隐性技术知识的产生，使得技术创新成果具有外部性、公共物品性质和不确定性，存在"市场失灵"。根据 Schumpeter 于1961年、Arrow 于1962年、Mansfield 于1977年、Jones 和 Williams 于1997年的研究，由于模仿和溢出，R&D 活动的私人收益低于它的社会收益，严重挫伤了创新者研究开发的积极性，导致新的创新延缓出现。市场经济体制内 R&D 支出是不足的，市场配置下的创新产出低于社会最优水平。需要政府借助行政、经济、法律等宏观调控手段弥补一定的创新外溢损失，从外部激励技术创新。通过市场配置和政府宏观调控相结合，实现技术创新经济效益和社会效益最大化。[91-93] 且研究表明，宽松的知识产权政策有利于企业创新投入与溢出效应之间达到良性循环，而创新产品补贴方式比创新投入补贴方式更为有效。[68]

产业共性技术对于产业升级和经济发展有重要作用。产业共性技术的基础性、外部性、高风险性、关联性等基本特征和特殊公共品属性，使其研发可能存在市场失灵（企业技术研发积极性不高导致产业共性技术的市场供给不足现象）和组织失灵（单个个体的组织规模、开发能力不能适应交叉融合的特点导致缺乏独立开发意愿，或由于跨学科研究的增多引发一些严重的组织问题）的双重失灵现象，决定了政府应在产业共性技术的供给和扩散中发挥独特的作用。

实践中，各国政府都在积极支持共性技术的创新和发展。美国、日本、德国等发达国家政府主要通过国家高技术战略、法律制度（如严格立法将政府支持制度化）、公共财政政策（专款、税收优惠等）、专项计划（支持中小企业技术创新联盟计划、精英团体计划等）、平台建设（技术创新联盟网站等畅通科技信息交流通道）、推进中介机构建设等方式，大力推进产业共性技术联合科研攻关，支持产业技术创新战略联盟的发展。例如，美国的先进技术计划（Advanced Technology Program，ATP）、新一代汽车合作计划（Partnership for a New Generation Vehicle，PNGV）、数字电视大联盟（Great Alliance）等。我国在《国家中长期科学和技术发展规划纲要（2006—2020年)》中明确提出将发展产业共性技术作为政府支持科学进步的重要举措，已通过"863"计划、"国家重点科技攻关计划"、"国家工程技术研究中心计划"等一系列科技计划对共性技术进行政策支持。[19-26]

5.1.3 产业技术创新联盟的发展离不开政府支持

全球产业竞争的加剧弱化了各国政府对市场垄断的担忧，促使政府更加关注本国产业的国际竞争力，而非合作创新的垄断威胁。这一转变大大促进了联盟的发展。

发达国家政府推进合作技术创新，主要表现在立法、制度、公共财政政策、专项计划支持等方面。基础工作是立法先行，明确产业技术创新联盟的公益性质，从而为政府制定并实施减免税政策奠定法律基础。例如，1961 年日本政府颁布了《工矿业技术研究组合法》，美国分别于 1984 年、1993 年通过了《国家合作研究法案》《国家合作研究和生产法案》等，突破了反垄断法对合作研究的种种限制。"制度红利"是重要的驱动力量，日本产业技术创新联盟的研究经费，除由成员企业分摊外，约 51% 是由政府补助的（承接政府委托的研究计划），美国 SEMATECH 每年由国防部的国际高级研究项目署支付一半约 2 亿美元的运行经费。政府补助增加了联盟研究开发费用，降低了研究开发风险，激发了各界参与技术创新联盟的积极性。[21-24]

追赶型国家的政府为了解决产业发展的共性问题、提高本国产业竞争力，更加重视产业联盟。例如，在 20 世纪 80 年代末，韩国移动通信技术还处于发展初期，韩国信息和通信部就不顾来自各方的反对，把 CDMA 作为韩国的移动通信标准，并主导建立了 CDMA 技术发展战略联盟，成员包括政府研究机构、三星公司、LG 集团等。联盟取得了一系列成果，使韩国迅速成为移动通信技术的领先国家。[21-24]

我国产业技术创新联盟以《国家中长期科学和技术发展规划纲要（2006—2020 年）》确定的重点领域、战略产业的共性、关键技术进行联合突破和创新，以提高产业技术创新能力和核心竞争力、促进产业优化升级为目标，是国家创新体系在产业层面的推进，既注重技术创新的经济效益，亦关注其带动整个产业优化升级、提升国家竞争力的社会效益。产业领域的战略性、技术创新的知识性、共性技术的公共性、关键技术创新的高风险性、技术创新溢出对产业带动作用所体现的社会效益，都决定了政府支持产业技术创新联盟发展的重要性。为促进技术创新，政府有时会参与其中以推动联盟发展。政府应确立为联盟服务的观念，完善产业技术创新战略联盟相关的科技发展规划（促进科技机构完善和发展、健全科技评价机制、健全知识产权战略体系）、政策法规（投融资等）、技术信息网络、中介服务、联盟管理（如设立专门的产业技术创新战略联盟管理机构、监督利益分配机制的执行）等。[19-26]

由第 3 章和第 4 章的分析也可得出，合理提供政策优惠可在产业技术创新联盟组盟阶段成员选择中发挥积极作用，可激励风险中性的入盟申请者主动披露真实能力，降低"逆向选择"问题；在产业技术创新联盟运行阶段，高政策优惠亦可激励成员更加积极努力地投入联盟技术创新活动，并带来成员个体效用和联盟总福利的提高。

5.2 产业技术创新联盟运行模式 与政府的支持和激励

产业技术创新联盟的运行模式可从不同角度分为不同类型，政府在解决相应问题中的角色和作用也应有所侧重和差异。

5.2.1 依据联盟构建目的

从联盟拟解决的不同产业共性问题角度，可将产业技术创新联盟分为技术攻关合作型、产业链合作型、技术标准合作型等。[162]

1. 技术攻关合作型产业技术创新联盟

这类联盟的主要目的是解决产业共性技术研发问题，降低研发风险、成本，整合研发资源，缩短研发周期，是产业技术创新联盟最为常见的模式。[6]例如，钢铁可循环流程技术创新战略联盟以"新一代可循环钢铁流程工艺技术"项目为龙头，联合攻关新一代可循环钢铁流程、高效化钢铁生产新工艺、新一代熔融还原炼铁技术等一系列产业共性技术。其他如煤炭开发利用技术创新战略联盟、汽车轻量化技术创新战略联盟、集成电路封测产业链技术创新战略联盟等亦是旨在突破制约产业发展的关键技术而建，并取得了一系列技术成果。

在这类产业技术创新联盟中，技术创新的高难度、高风险尤为突出，尤其需要来自政府的支持和帮助。政府的主要作用在于通过政府科技项目、科研补贴、奖励等方式降低技术研发风险，激励产业技术创新联盟积极投入技术创新活动。

2. 产业链合作型产业技术创新联盟

这类联盟的主要目标是构建有竞争力的创新产品和技术的产业链，推动创新产品和技术的产业化，形成产业群合力。[6]例如，WAPI 产业联盟已形成了覆盖"技术研发、芯片开发、系统设计、产品制造、系统集成、运营应用"等环节的 WAPI 完整产业链，能生产并销售上千种 WAPI 产品。其他如医用镁合金产业技术创新战略联盟、航空遥感数据获取与服务技术创新联盟等亦是着力于打造完整的产业链，以推动产业快速、有序地大规模发展。

产业链的形成和发展主要应来自市场的需求和接受而不是非市场力量的干预。因而，对这类产业技术创新联盟，政府应通过完善社会创新服务体系和一系列产业链发展所需的优惠政策来发挥政府的外部保障和促进作用。

3. 技术标准合作型产业技术创新联盟

这类联盟的主要目标是制定、推广产业技术标准，促进新技术的应用、新产品的推广，带动新型产业的发展。[6]例如，长风开放标准平台软件联盟将基础、应用平台软件厂商及第三方中介机构联合起来，在"标准是纽带，联合是力量"的理念下，共同推动符合开放技术标准的自主创新软件产业的发展，并积极参与国家、国际相关组织的标准化研究、推广工作，提高联盟产品、企业的标准化水平和技术层次，利用标准化促进产业化。其他如太阳能光热产业技术创新战略联盟、乳业产业技术创新战略联盟等亦主抓联盟标准化工作，尤其是对联盟标准的立项、审批与发布。

对这类产业技术创新联盟，政府的主要作用在于通过科技项目和搭建公共平台，为联盟制定和推广技术标准提供支持。

4. 全面合作型产业技术创新联盟

此外，还有一些产业技术创新联盟则致力于全面推进产业优化升级，是上述三种联盟的综合体。例如，导航定位芯片与终端产业技术创新战略联盟创建的目的：一是要集合多方优势联合突破导航应用产业技术瓶颈，如导航芯片技术、终端技术等；二是要建立相关的产业技术标准，大幅度降低各类卫星导航终端的研制生产成本；三是要构造多功能智能导航终端产业从芯片到整机、从产品到服务的完整技术创新链，以促进我国的卫星导航应用产业向广度和深度发展。其他如小卫星遥感系统产业技术创新联盟、尾矿综合利用产业技术创新联盟等亦旨在通过联合技术攻关、制定产业共性技术标准、构建完整产业链来推动相关产业优化升级。

对于这类产业技术创新联盟，政府要特别注意不能全身而入或不闻不问。应在联盟发展的不同阶段，分别对关键技术研发、产业链构建、产业技术标准制定等方面，有针对性地进行动态支持和激励。

5.2.2 依据技术创新活动主导力量

为了解决产业共性技术创新主导力量的问题，产业技术创新联盟可分为政府主导型、学研驱动型和市场导向型。当进行产业基础研究和共性技术的开发，或产业处于生命周期的成长阶段，或联盟面临的是不发达的中介市场、金融市场和保守的社会文化时，宜采用政府引导型模式；当产业处于生命周期的成熟阶段，或面临的是比较发达的市场中介、金融市场和创新的社会文化时，宜采用学研驱动型或市场导向型模式。[30]

1. 政府主导型产业技术创新联盟

政府主导型产业技术创新联盟较多地存在于政府主推的主导产业和新兴产业领域，尤其在一些战略性高科技领域或关键性战略产业领域。组建这类产业技术创新联盟的目的在于通过联合创新实现这些产业的跨越式发展，构筑国家和地区核心竞争力，体现了政府的意志。可由政府为实现产业技术创新目标而主动设立或为满足企业和产业需求而主导设立，是政府对国家或区域创新的谋划，是政府将传统产业政策工具转变为市场化产业政策工具的结果。[6]例如，国家各级试点产业技术创新联盟，均是由各行业的龙头骨干企业牵头的，行业主管部门在其中发挥了很大的引导和协调作用。再如，汽车轻量化技术创新战略联盟、物联网产业发展联盟、集成电路封测产业链技术创新联盟等。SEMATECH 创建之初，国会通过法案授权国防部长代表政府参与联盟，后改为国防部先进研究计划署（DARPA）成员，他们参与董事会和技术顾问委员会，评价技术进步情况、协调各成员企业关系。[22]

政府主导型产业技术创新联盟往往由政府相关部门引导组建，但政府不直接参与联盟组建和运行，主要借助政府的财政、金融、资源、政策（产业政策和创新政策）等方面的支持对联盟技术创新进行引导和鼓励，并对联盟发展进行引导和影响，通过行业主管部门的协调迅速解决联盟发展过程中的一些问题。

2. 学研驱动型产业技术创新联盟

学研驱动型产业技术创新联盟大多基于科研成果的产业化需要或技术研

发需要，学研机构占主导的情形。例如，太阳能光热产业技术创新战略联盟、木竹产业技术创新战略联盟等均由科研机构牵头或担任联盟理事长单位。

对这类产业技术创新联盟，政府的主要作用在于通过科研项目或经费支持、补贴、奖励等方式帮助学研机构解决研发经费问题、降低技术创新风险，或通过信息服务帮助学研机构找到具备技术的产业转化、吸收消化能力的合作伙伴。

3. 市场导向型产业技术创新联盟

以企业为主体的市场导向型模式是国内大多数产业技术创新联盟的选择，这是符合技术创新的根本宗旨的。例如，农药产业技术创新联盟、光纤接入（FTTx）产业技术创新联盟均主要由我国相关领域龙头企业和大中型骨干企业组成并主导。

这类产业技术创新联盟大多面临比较成熟的产业和发达的市场，政府不应过多地参与和干预，而是通过提供完善的创新服务体系来支持技术创新活动。

5.2.3　依据联盟成员合作关系

为了解决产业技术创新联盟成员间合作关系问题，产业技术创新联盟可分为契约型产业技术创新联盟和实体型产业技术创新联盟。契约型产业技术创新联盟较灵活而实体型产业技术创新联盟在其他方面却表现出明显优势。[163,164]

1. 契约型产业技术创新联盟

以合同为基础的契约型产业技术创新联盟（有狭义契约型和半契约半实体型）基于自治原则，以契约来确保合作期内联盟各方战略目标的实现，又可以根据战略投资项目的发展变化来灵活选择合作方式和合作伙伴。灵活性是契约型产业技术创新联盟的价值所在，是我国实践中产业技术创新联盟的主要运行模式。但由于环境的不确定性或协议的高成本导致的协议不完备性会使得契约型产业技术创新联盟存在一些先天不足。主要靠契约来维护的松散合作组织缺乏稳定性和长远性，成员之间彼此信任度不高，对联盟的责任感、控制力低，易出现"偷懒""搭便车"等"道德风险"，导致组织效率低

下甚至合作失败。[39,163,164]

这种灵活但不稳定的治理模式也是很多产业技术创新联盟华而不实、效率低下的根源之一。政府应通过外部力量提高联盟的稳定性，并从外部辅助约束成员的机会主义倾向，以促进联盟技术创新实现。

2. 实体型产业技术创新联盟

实体型产业技术创新联盟以共建实体为表现形式，有法人实体型和非法人实体型两大类。实体形式可以采取股份合作制企业模式、模拟公司模式、聘请专业化的经营管理有限责任公司实施管理等运行模式。利益一致性使得欺骗的动机下降，对联盟的控制力增强，联盟关系深度和稳定性提高。但高度一体化的治理模式使得股权型联盟出现了一些类似大型企业的通病，初始投入大、投资难度大、转置成本高等导致联盟灵活性差，在公司治理方面也有一系列深层次问题，使得联盟内成员之间的合作困难重重。目标较为长远、规模较大、合作紧密程度高的产业技术创新联盟更适于采取法人实体型模式。然而，过多的制约也是这类联盟不能被广泛采用的主要原因之一。[39,163,164]

对这类产业技术创新联盟，政府的作用在于通过外部力量对联盟技术创新提供政策和环境支持。

5.2.4 产业技术创新联盟网络

构建产业技术创新联盟网络，加强联盟之间的交流与合作，可在更大范围内实现技术创新效益的提升，避免联盟重复建设和无畏竞争等负面效应。

例如，中关村的 WAPI 产业联盟、AVS 产业联盟、中国 RFID 产业联盟、宽带无线专网应用产业联盟、中关村物联网产业联盟等，签署战略合作框架协议，成立了中关村产业联盟联席会，共同促进相关技术融合，寻求在更多领域的合作与发展机遇。在技术标准、公共关系、法规、市场、国际化拓展等领域均开展了广泛战略合作。

中国医疗器械产业技术创新战略联盟则根据医疗器械产业发展的需要，设立相关分领域的产学研技术创新联盟（简称子联盟），直接推进相关领域的技术创新工作。根据区域发展优势，积极推动相关区域组建地方性联盟或基地（简称地方联盟/基地），加强医疗器械领域发展区域布局。子联盟和地方联盟在中国医疗器械产业技术创新战略联盟的统一指导下开展工作，接受总联盟监督管理。

在产业技术创新联盟网络中，政府的主要作用在于利用信息优势为联盟网络提供相关技术发展和市场动态，以及网络内各个联盟的相关信息，帮助网络内各联盟加强合作与协调，避免联盟间重复建设和无畏竞争等负面效应。

5.3 产业技术创新联盟发展阶段与政府动态支持和激励机制

技术创新是一个复杂的技术和经济相互作用的过程。在产业技术创新联盟生命周期发展的不同阶段，技术创新的公共产品程度、技术溢出的程度和不确定程度都是有差别的，导致市场失灵程度也有所不同。因此，政府职能的发挥也应据此进行动态调整。要充分发挥市场在技术创新资源配置中的基础性作用，政府既要弥补市场不足、纠正市场失灵，又要防止干预不当、避免政府失灵，才能有的放矢，促成联盟的健康发展和技术创新战略目标实现。[93,161]

5.3.1 产业技术创新联盟组建阶段

联盟作为一种组织间为了适应外部环境变化而组建的新型合作组织，大多采用自组织形式。但在一些产学研联盟或产业联盟中，为了国家或区域特定产业发展和创新目标，政府会采取主动方式从外部促成联盟的组建和发展。产业技术创新联盟的实质是产学研联盟与产业联盟的结合体，其组建初期既有自组织也有他组织形式。

在产业技术创新联盟组建阶段，可能出现的影响联盟健康发展和技术创新发展战略的主要问题有：联盟方向偏离国家和区域的产业技术创新目标；如果完全由市场配置资源，在信息不充分的情况下，出于经济利益、技术风险、创新能力考虑，会出现一些技术创新项目重复建设或无人问津；机会主义会导致联盟成员选择过程中"逆向选择"盛行。

由第 3 章的研究可知，在组盟阶段，政府的支持力度并非越大越好，政府支持力度应与入盟基金、成功后可分享收益基准有机结合，满足一定约束条件，方可有效激励风险中性的入盟申请者主动披露真实能力，防止出现"逆向选择"问题，并激励高能力者积极入盟，甚至可隐性地为入盟申请者设定能力门槛。

具体而言，在这个阶段，政府的支持和激励措施可表现为：根据国家和区域产业发展战略目标和实际需要统筹安排、合理布局。通过科技立项或经费补贴、政策优惠引导技术创新方向、降低技术创新风险、鼓励创新。利用掌握的大量而广泛的公共资源和信息资源，充当一个非盈利的中介组织，在成员选择中帮助促成更佳的技术创新资源匹配，有效降低"逆向选择"（但不能完全排除"寻租"行为，本书不做探讨），亦可有效降低企业的信息搜寻成本。政府的支持手段可为资金支持、提供办公场地、项目支持、提议建盟等。

5.3.2　产业技术创新联盟运行阶段

从本质上来看，产业技术创新联盟就相当于一个由多领域、多成员组成的产业技术创新项目团队，为了实现产业技术创新目标而组建的临时性合作组织。不管产业技术创新联盟如何组建，在运行阶段转换为自组织形式应该是其提高主动创新能力和适应能力的合理选择。因此，当产业技术创新联盟成立以后，政府作为联盟的推动者和引导者，并不参与联盟的实际运作过程，不参与联盟合作剩余的分配，也不能等同于传统团队理论中引入的"榨取团队剩余的委托人"来发挥作用。

与其他形式的联盟相比，产业技术创新联盟的运行面临着多重风险：联盟管理问题、技术创新失败、联盟成员的机会主义（"道德风险"）倾向，且风险程度更高。政府对联盟的支持和激励显得尤为重要。由第4章的研究可看出，在联盟运行阶段，联盟成员个体效用和联盟整体福利都会随着政策优惠力度的增大而提高。具体而言，政府主要应借助政策法规对产业技术创新联盟技术创新活动进行引导和激励，以促进盟员积极投入技术创新活动、分享创新知识以提高联盟效率和稳定性；经济调控主要以风险补偿和财政税收政策为主，可帮助联盟引入风险投资和其他生产性服务机构，或通过政府采购等促成技术创新；法律手段以保护技术专利和保障利益分配为主要目标；行政手段主要不断改善社会环境以及科学文化条件，帮助联盟建立完善的信息交流网，帮助疏通产学研界的合作渠道。但政府采取的措施应是鼓励而非强制性的，以便营造一个宽松、自由的创新环境。产业技术创新联盟则以其符合国家利益的行为争取政府支持。

5.3.3 产业技术创新联盟技术扩散阶段

Schumpeter 于 1912 年将技术创新的大面积或大规模的模仿视为技术创新扩散。Theodore W. Schultz 于 1960 年指出，没有扩散，创新不可能有经济影响。Komoda 于 1986 年则指出技术扩散在技术进步中起着至关重要的作用，技术扩散是"对理解和开发所引进技术的能力的一种转移"。P. Stoneman 于 1989 年定义技术扩散为"一项新技术的广泛应用和推广"。技术扩散能促使创新在更大范围内产生经济和社会效益，推进一个国家的技术进步和产业结构优化，促进国民经济发展。[138,165]

产业技术创新联盟技术突破后应致力于带动整个产业的技术发展和提升，以提升产业技术创新能力和核心竞争力，促进产业优化升级为目标，不但追求联盟经济利益，也强调技术创新活动的综合社会效益。但实际上大多产业技术创新联盟是以市场为导向、企业为主导的自组织，而知识的公共产品性质会直接带来新技术在扩散中的经济收益损失，这也严重打击了联盟技术扩散的积极性和主动性。

因而，政府的积极引导和激励在技术扩散阶段就显得尤为重要了。当产业技术创新联盟成员间的各类矛盾、冲突较多时，政府需要介入以协调各方利益关系，推动技术在联盟内快速扩散。当创新技术向产业技术创新联盟外扩散时，主要应按照市场交易规则进行"有偿转让"。政府可积极鼓励一些中介机构帮助进行技术转移，亦可通过加大知识产权和专利保护来保护联盟知识收益，提供创新补贴、政府采购的方式来降低创新成本、提高技术转移收益，或促进产业集聚来借助集群效应推动技术扩散。

5.4 案 例 分 析

5.4.1 中国煤层气产业技术创新战略联盟

1. 成立背景

煤层气是一种以吸附状态赋存于煤层中的非常规天然气，主要成分是甲烷，是一种高热值的洁净能源，也是造成煤矿井下事故的主要原因之一。煤层气抽采利用对煤矿安全生产、节约资源、保护环境都具有深远意义。2007年中国国际矿业大会中提到，中国煤层气资源量居世界第三位，达36.8万亿立方米。煤层气作为一种优质高效的清洁能源和重要的化工原料，在国际能源局势趋紧的形势下，具备大规模开发利用的前景。

中国煤层气资源勘探风险大、投入高、成本回收周期长。我国煤层气资源分布条件的复杂性、难采性客观决定了煤层气勘采必须采取技术多样化，也需要精确的选择性开采。当前我国煤层气开发利用基础研究薄弱，煤层气的勘采程度低，经济技术可采资源量远低于总资源量。普遍单井产量低，成本效益倒挂成为当前中国煤层气产业面临的最大问题和隐忧。而社会资金参与煤层气勘探又存在种种政策、法规、经济等障碍，融资渠道不畅。而在煤层气开发领域，一直存在采煤权与采气权分离、政策相对滞后，采探技术落后、作业不规范、技术封锁，各自为战、恶意竞争等问题。严重违背了煤层气的产气规律，落后的掠夺式开采致使一些煤层气井低产甚至报废。如何突破技术瓶颈，形成健康有序的煤层气产业链和市场环境，成为煤层气产业可持续发展的关键性问题。

2. 联盟概况

在这样的背景下，中国煤层气产业技术创新战略联盟（CBMTISA）于2009年12月成立，2010年6月成为国家级试点联盟。联盟旨在开展煤层气资源勘探、开发、安全和环保技术与装备领域共性、关键和前沿技术联合攻关，形成自主知识产权和产业技术标准；加快科技成果的试验和应用，支撑煤层气开发与利用示范工程建设；以国家科技重大专项"大型油气田及煤层气开发"为契机，推动"建设山西沁水盆地特大型煤层气田行动计划"，为形成大规模煤层气产业提供支撑。

联盟由中联煤层气有限责任公司牵头（理事长单位），成员包括中国石油天然气集团华北油田分公司、山西晋城无烟煤矿业集团有限公司、华晋焦煤有限责任公司、山西金地煤层气勘查开发有限责任公司（联盟副理事长单位）、中国科学院科技政策与管理科学研究所、煤炭科学研究总院、中国石油大学（北京）、中国矿业大学以及全国各地一些在煤层气勘探开发领域具有卓著贡献和重要影响力的企业、高校和科研院所共26家。

其中，中联煤层气有限责任公司（简称中联公司），是1996年由国务院批准组建的国家煤层气专业公司，主要从事煤层气资源勘探、开发、输送、销售和利用，在国家计划中实行单列，并享有对外合作进行煤层气勘探、开发、生产的专营权，拥有国家气体勘察甲级资质，第一个公开颁布《煤层气资源/储量规范》及煤层气探明储量报告。中联公司是科学技术部"九五"、"十五"、"十一五"、"十二五"科技发展计划煤层气领域牵头组织单位、国家科技重大专项"大型油气田及煤层气开发"的立项发起单位及牵头单位之一。煤层气勘探项目遍布全国 15 个省（自治区），建成我国第一个煤层气地面开发示范工程——沁南煤层气开发利用高技术产业化示范工程。2010 年，沁南煤层气开发利用高技术产业化示范工程技术研发成果通过专家委员会鉴定。项目在空气钻井技术、井网优化部署方案、微珠低密度固井技术、活性水加砂压裂技术、氮气泡沫压裂技术、地面集输技术、稳控精细排采技术等方面，实现了集成创新，填补了我国煤层气产业的多项技术空白。试验推广应用了如 PE100 聚乙烯管线和气动机等多项新材料、新装备，首次制定两个煤层气安全行业标准和煤层气地面工程、煤层气开发方案编制两个技术规程。项目技术成果的总体水平达到了国际领先。同时，在煤层气项目的设计、建设、施工、监理、质量监督、验收等方面取得了宝贵的经验，首次实现了国内地面直井开发煤层气的商业化运营，是我国煤层气实现产业化的重要标志，在煤层气产业发展历史上具有里程碑的意义。获得国家发展和改革委员会授牌"国家高技术产业化示范工程"。

联盟成立以来，以国家科技重大专项"大型油气田及煤层气开发"为契机，根据我国煤层气资源储层特点及煤炭资源开采面临的安全和环境难题，以及联盟内部煤层气、煤炭和油气生产企业自身发展的科技需求，在煤层气先进勘探开发技术、煤层气先进勘探开发装备等方面进行技术攻关，解决了许多生产中存在的问题。组织开展了一批重大合作创新活动，培育了一批国家级、省部级、联盟级创新平台，形成了多种形式的资源共享模式，技术创新成果丰硕，煤层气产业核心实力显著提升。2012 年，实现了低阶煤区煤层气勘探开发技术的突破。首次提出了适用于低阶煤、薄煤层、多煤层地区煤层气井的不同孔密的限流射孔优化技术。"低阶煤、多煤层、薄煤层煤层气开采压裂组合及投球分压关键技术研究"项目通过专家鉴定。研发技术经珲春煤田初步排采实践证明，每天的单井产气量可达 3000 立方米以上，具有商业性开发价值。2012 年，联盟评估结果为 A。2014 年 7 月构造煤水平井和分段压裂技术在山西沁水北部和河南鹤壁等地取得重大技术突破。

3. 政府在联盟发展中的参与和激励机制

煤层气开采是个目标较为长远、规模较大、合作紧密程度高的新兴战略产业，很多制约产业发展的共性、关键技术亟待突破，资源开发的风险大、投入高、回收期长。市场发展处于相对无序竞争的初期。且能源开采是个特殊行业。因此，中国煤层气产业技术创新战略联盟的发展离不开政府的政策指导和扶持。

从创建目的来看，中国煤层气产业技术创新战略联盟主要围绕产业关键技术创新开展合作，一是要集合多方优势开展煤层气资源勘探、开发、安全和环保技术与装备领域共性、关键和前沿技术联合攻关，形成自主知识产权；二是要建立相关的产业技术标准。而联盟成员的合作关系应属于以合同为基础的契约关系。

依据联盟发展的主导力量，中国煤层气产业属国家新兴战略产业，中国煤层气产业技术创新联盟属政府主导型联盟。联盟的目的在于通过联合创新实现煤层气领域的跨越式发展，破解中国煤炭能源领域安全生产、节约资源、保护环境等难题，体现了政府的意志。联盟的成立经科学技术部批复，以国家重大科技专项"大型油气田及煤层气开发"实施为依托开展技术合作，并于 2010 年成为国家试点联盟。

虽然政府在煤层气产业技术创新战略联盟的发展中起到了强大的推动作用，但政府并不直接参与联盟组建和运行，主要借助政府的财政、金融、资源、政策（产业政策和创新政策）等方面的支持对联盟创新进行鼓励，并对联盟发展进行引导和影响。政府将煤层气（煤矿瓦斯）抽采利用作为防治煤矿瓦斯事故的治本之策，先后发布了《关于加快煤层气（煤矿瓦斯）抽采利用的若干意见》（国办发〔2006〕47 号）、《煤层气（煤矿瓦斯）开发利用"十二五"规划》（发改能源〔2011〕3041 号）、《关于进一步加快煤层气（煤矿瓦斯）抽采利用的意见》（国办发〔2013〕93 号）等文件对煤层气产业发展进行引导和激励。政府对煤层气产业技术创新战略联盟的引导、支持和推动主要体现在以下几个方面。[166-168]

（1）制定相关政策法规来规范煤层气开发利用活动

对煤矿煤层气要求坚持先抽后采、治理与利用并举的方针。规定煤层气开发、输送、发电并网利用等建设项目应按规报政府主管部门审批、核准或备案，否则不予办理银行贷款、土地使用等手续，不得享受税费优惠、财政补贴等政策。规定煤层气勘查开采利用活动应接受相关部门的监督和管理。成立了煤矿瓦斯防治的部际协调领导小组和产煤区领导小组，形成上下联动、部门协调、齐抓共管的综合防治体系。落实年度瓦斯事故及死亡人数控制目标、煤层气开发利用目标，并严格绩效考核。对做出突出贡献的单位及个人给予表彰奖励。

建立了煤层气勘探、开发、安全等标准体系，发布了低浓度瓦斯输送和利用等行业标准。将瓦斯抽采达标煤量、瓦斯抽采能力等指标纳入煤矿生产能力核定标准。继续提高勘探投入最低标准，引导大型煤层气企业增加风险勘探专项资金，矿业权优先配置给有开发实力的煤层气和煤炭企业，引导煤层气开发规模化发展。

（2）为煤层气抽采利用项目提供各项优惠政策进行鼓励和支持

依法清理并妥善解决煤炭资源和煤层气矿业权交叉问题。安排中央预算内投资支持煤矿安全改造及瓦斯治理示范矿井建设。优先安排煤层气开发利用项目及建设用地。"十一五"期间，安排中央预算内投资 150 亿元，带动地方和企业投资 1000 亿元以上。

允许煤矿企业提取的生产安全费用用于煤层气抽采系统建设，"十一五"期间国有重点煤矿企业累计提取煤炭生产安全费用 1500 亿元。煤层气抽采利用设备可实行加速折旧计入成本，2020 年前减免直接从事煤层气勘采企业的探矿权使用费、采矿权使用费。

中央财政对企业开发利用煤层气补贴 0.2 元/立方米，2007~2010 年已累计补贴 7.2 亿元，补贴标准也将提高。在此基础上，地方财政可根据当地煤层气开发利用情况自主确定对煤层气开发利用再给予适当补贴。且可作为企业不征税收入处理。

拓宽企业融资渠道，鼓励、吸引民间资本、境外资本参与煤层气勘探开发。支持符合条件的煤层气企业上市融资、发行债券，增强发展能力。

优先安排煤层气并入天然气管网及城市公共供气管网、煤层气发电上网销售。放开煤层气出厂价格，进入城市公共管网的煤层气销售价格按不低于同等热值天然气价格确定。进一步加快、简化煤层气发电并网项目审核办理手续。提高煤层气发电上网标杆电价，电网企业因此增加的购电成本，通过调整销售电价统筹解决。

通过国家科技支撑计划、科技重大专项、"863"计划、"973"计划和产业化示范工程，加强重点实验室、工程（技术）研究中心等创新平台建设，鼓励企业、科研机构和高等院校联合开展科技攻关，支持煤层气产业发展中重大科学技术问题研发。通过召开全国煤矿瓦斯防治现场会或电视电话会议，举办培训班，提供技术咨询服务，推广先进经验，提升煤层气产业科技创新能力。2014年，国家"科技支撑计划"提出支持经科学技术部批准试点的产业技术创新战略联盟，优先考虑企业牵头产业目标明确的项目。鼓励高校与企业合作联合培养煤层气相关专业人才。

5.4.2　山西省煤与煤层气共采产业技术创新战略联盟

1. 联盟概况

至2007年，山西省煤层气储量在10万亿立方米以上，约占全国总量的1/3。山西省煤层气开发利用对全国具有样板意义。煤层气高效开采和利用是山西省煤炭支柱产业优化升级的重要内容。山西省煤层气开采技术和规模全国领先。2010年5月国土资源部批准并颁发给晋煤集团在山西省成庄和寺河（东区）区块的煤层气采矿许可证，这是我国煤炭企业获得的第一个煤层气采矿许可证。为山西省实现煤气共采提供了保障。国务院于2010年12月正式批准了山西省"资源型经济转型综合配套改革试验区"，其改革的一个重要内容，就是煤层气开采"气随煤走、两权合一"。2012年9月15日，由山西省晋城无烟煤矿业集团有限责任公司牵头，29家企业、大学、科研机构或其他组织机构共同参与的山西省煤与煤层气共采产业技术创新战略联盟（试点，Shanxi C-CBMTISA）成立。围绕持续解决煤与煤层气共采产业共性、关键性、前沿性技术问题，为煤层气资源的高效利用、煤与煤层气共采技术水平提升搭建技术支撑平台，推动科技成果的转化和辐射，实现行业科技进步和产业升级，推动煤与煤层气共采产业自主创新能力的显著提高，引领煤与煤层气共采产业持续、快速、健康发展。

2. 政府在联盟发展中的支持和激励机制

山西省政府以"气化山西"目标为导向，着力将煤层气产业打造成为山西资源型经济转型重要的战略性新兴产业。成立了由省长担任组长的煤层气资源开发利用领导小组，统一协调解决煤层气开发利用过程中的重大问题。按照"政府引导、市场运作、有序竞争、强化监督"的原则，出台了煤层气产业一体化发展规划，编制了《煤层气产业"十二五"发展规划》，发布了《关于加快推进煤层气产业发展的若干意见》（晋政发〔2013〕31号）等文件以规范、促进煤层气产业发展。[169]

山西省政府着力通过政策合力来帮助联盟获取更多煤气共采权，鼓励和支持按规申请煤层气矿业权，争取国家对煤层气矿业权审批制度改革试点授权。对煤层气抽采利用在国家补贴（0.2元/立方米）的基础上，省级财政再予以补贴0.5元/立方米，并努力提高补贴标准。且对在山西省注册登记的煤层气勘探开发企业，一律按照国家规定给予相关税收优惠政策。完善对煤层气企业重点项目投资的融资担保制度。支持设立民间煤层气创投基金，吸引煤层气风险投资，支持煤层气企业使用非公开定向债务、短期融资券、中期票据等融资工具，以帮助拓宽煤层气勘探的融资渠道。

通过政府科技科研项目来补贴、激励联盟的技术攻关。作为山西省自然科学基金组成部分的"山西省煤层气联合研究基金"，每年出资1000万元，重点资助煤层气资源开发与利用等方面的基础和前沿技术研究。山西省"十二五"科技重大专项"煤层气抽采关键技术及示范"、国家级科研机构"煤与煤层气共采山西省企业重点实验室"、山西省综改试验区重点项目"煤层气勘探开发示范工程"等，瞄准国际煤层气抽采科技前沿，重点围绕煤炭与煤层气共采的重大技术课题开展研究试验，以提升山西省煤层气产业自主创新和开发能力。并着力打造"11265"煤层气产业开发布局，形成覆盖全省的大燃气网。

帮助协调联盟内部成员及与外部竞争者的协作关系，积极推动山西省内企业与外部、中央企业等开展合作，实现煤层气资源、技术、人才的整合和共享。

产业领域的战略性、技术创新的知识性、共性技术的公共性、关键技术创新的高风险性、技术创新溢出对产业带动作用所体现的社会效益，都决定了政府参与和支持产业技术创新联盟发展的重要性。产业技术创新联盟的健康高效发展离不开政府支持和激励。作为产业技术创新联盟的推动者和引导者，政府不但关心联盟的经济效益，更应关注联盟带来的技术进步和产业升级等社会效益；不应直接参与联盟的实践活动，不参与联盟合作剩余的分配；而应通过创造一个适宜的、鼓励创新的外部环境，对联盟技术创新活动进行引导和激励。本章结合具体案例，研究政府在不同运行模式下的产业技术创新联盟和联盟不同发展阶段下，应采取的不同支持和激励方式。以达到既弥补市场不足、纠正市场失灵，又防止干预不当、避免政府失灵，促成产业技术创新联盟的健康发展和技术创新战略目标实现。

第6章 研究总结和展望

作为中国近年来提出的一种新型技术创新合作组织，产业技术创新联盟的理论和实践研究均处于探索阶段。产业技术创新联盟在实践发展中出现了华而不实、效率低下的问题，严重背离了国家"落实自主创新战略，围绕重点领域和战略产业的共性、关键技术问题，整合产学研优势资源、联合攻关，提升产业技术创新能力和核心竞争力，带动产业优化升级"的初衷。除了联盟共有的组织松散性、暂时性，成员的机会主义倾向等原因外，对产业技术创新联盟内涵的误读和决策部门对产业技术创新联盟发展的过多干预，在某些方面加剧了问题的严重性。而对产业技术创新战略联盟的理论研究又多为概念性或定性研究，且很多研究模仿其他类型联盟的已有研究方式和方法，真正针对产业技术创新联盟特质进行的研究较少或较为粗浅，针对产业技术创新联盟特质的激励研究则几乎空白。

因此，如何从激励角度探讨解决产业技术创新联盟华而不实、效率低下的发展问题成为本书研究的重点。本书从产业技术创新联盟发展实践出发，对产业技术创新联盟的内涵特质进行深入剖析，并在此基础上探讨如何激励产业技术创新联盟提高运行效率和效果。对内部因素，主要探讨产业技术创新联盟如何通过适当激励来组建一支务实高效的技术创新团队，实现联盟目标。具体而言，在组盟阶段激励入盟申请者披露自己的真实能力，防范"逆向选择"，并激励高能力者积极入盟；在联盟运行阶段，激励成员积极投入技术创新活动，防范"道德风险"，并促进联盟福利不断增大。对外部因素，则主要探讨政府如何对产业技术创新联盟实行适当的支持和激励。

研究过程中做了一些新的尝试，得到了一些有价值的发现和结论：

1）基于组织生态理论，对产业技术创新联盟产生和发展的组织生态背景及重要性进行剖析。得出产业技术创新联盟是顺应全球经济结构变化，落实国家自主创新战略、构建国家和区域创新体系的要求，提升产业技术创新能力、核心竞争力的有力措施。

2）借助大量网络调查和统计分析对国内产业技术创新联盟发展状况形成总体认识。分析发现，产业技术创新联盟在如火如荼的实践发展中，却隐现"华而不实"、效率低下的问题。除了联盟共有的组织松散性、暂时性，成员的机会主义倾向等原因外，对产业技术创新联盟内涵的误读和政府对产业技术创新联盟发展的过多干预，在某些方面加剧了问题的严重性。

3）通过与其他相关联盟和类似组织进行对比分析，对产业技术创新联盟特性进行系统剖析以突出其激励问题的新特质。研究得出，作为实现国家自主创新能力提升、产业优化升级等战略目标的技术创新主体，产业技术创新联盟是国家创新体系在产业层面的推进，是产业联盟和产学研联盟的结合。除具有一般联盟的共性外，目标的特殊性、成员的多样性、信息的不对称、风险的多重性决定了产业技术创新联盟组织的复杂性、不稳定性和激励问题的特殊性。

4）在产业技术创新联盟激励机制研究中，把产业技术创新联盟比作技术创新项目团队，运用项目管理理论和方法辅助分析产业技术创新联盟风险、技术创新项目各活动所需投入资源和在项目中的重要性，作为激励的基础。引入评估机制和条件概率理论，辅助对入盟申请者进行初步的筛选，将入盟基金引入博弈模型。

5）在产业技术创新联盟组建阶段防"逆向选择"激励机制的研究中，结合实践经验，设联盟组织者为委托人，其他入盟申请者为代理人，且假设入盟申请者均为风险中性。设计入盟规则，构建非合作博弈模型，并运用算例分析对模型结果进行验证和讨论。研究得出，在技术创新项目每个项目活动所需投入为共识的情况下，联盟组织者通过合理设计每个项目活动的入盟基金、入盟优惠、成功后可分享收益基准，使其满足一定条件，可激励风险中性的入盟申请者主动披露真实能力，防止出现"逆向选择"问题，并激励高能力者积极入盟，甚至可隐性地为入盟申请者设定能力门槛。

6）在产业技术创新联盟运行阶段防"道德风险"激励机制的研究中，设成员之间形成互为委托代理关系，成员均为风险厌恶型。成员之间通过相互激励和合作博弈实现联盟产业技术创新目标并共同分享合作剩余。通过谈判来确定利益分享机制以激励成员积极投入技术创新活动。研究通过构建合作博弈模型分析各变量之间的相互关系，并运用算例对模型结果进行讨论和验证。研究得出，提高联盟产出基数、降低联盟运行成本基数、提高成员产出分享比例，可激励风险厌恶型成员更加积极努力地投入联盟技术创新活动中。成员的努力程度提高，其个体效用和联盟总福利并不能随之一直增长，而是呈先增后减的趋势，其努力程度会保持在一个适当水平。而针对具有不同风险规避度的联盟成员，其个体效用和联盟总福利则会随着产出分享比例而呈现不同的变化趋势。对于风险规避度越高的成员，增加产出分享比例对其个体效用增加的贡献越小。因而，在利用产出分享比例的分配来实现激励时需结合成员的风险规避度慎重考虑。

7）产业技术创新联盟的健康发展离不开政府支持。但政府对产业技术创新联盟发展的过多干预和支持却也提升了联盟成员的机会主义倾向，加剧了联盟华而不实、效率低下的问题。政府应对产业技术创新联盟实行适当的支持和激励。研究认为，政府作为产业技术创新联盟的推动者和引导者，不但要关心联盟的经济效益，更应关注联盟带来的技术进步和产业优化升级等社会效益；不应直接参与联盟的实践活动，不参与联盟合作剩余的分配；而应通过创造一个适宜的、鼓励创新的外部环境，对联盟技术创新活动进行引导和激励。在组盟阶段，政府的支持力度并非越大越好，而应与入盟基金、成功后可分享收益基准有机结合，方能有效防范"逆向选择"，并激励高能力者积极入盟，甚至可隐性地为入盟申请者设定能力门槛。在联盟运行阶段，联盟成员个体效用和联盟整体福利都会随着政策优惠力度的增大而提高。

囿于研究水平和研究条件，本书尚存有待改进之处：

1）因产业技术创新联盟多为通过契约而非实体组织运行模式，本书主要通过网络对产业技术创新联盟的大体发展状况进行调查，数据较为宽泛和粗浅。

2）在产业技术创新联盟防"逆向选择"激励问题研究中，可继续在两个方向作改进和深入研究：① 如何确保入盟申请者的 $t_{ki} \geq t_{k0}$ 或对所有 t_{ki} 的入盟申请者进行激励；② 如何对不同风险偏好类型的入盟申请者进行激励。

3）在产业技术创新联盟防"道德风险"激励问题研究中，今后可考虑：① 如何更准确地估计成员的风险规避度、成员效用的变化规律及极值点；② 在不知成员风险规避度、谈判威胁点信息的情况下，如何对判据的取值作出判断？

4）联盟规模过大会带来管理的复杂和难度，可进一步开展产业技术创新联盟的适度规模研究。

参 考 文 献

[1] 梁嘉骅，范建平，李常洪，等. 企业生态与企业发展. 北京：科学出版社，2005.

[2] Hannan M T, Freeman J. The Population ecology of organizations. American Journal of Sociology, 1977, 82 (5)：929-964.

[3] Hannan M T, Freeman J. 组织生态学. 彭璧玉，李熙译. 北京：科学出版社，2014.

[4] 彭璧玉. 组织生态学理论述评. 经济学家，2006，(5)：111-117.

[5] Veugelers R. Collaboration in R& D：an assessment of theoretical and empirical findings. Economics, 1998, 146 (3)：419-443.

[6] 陈小洪，马骏，袁东明. 产业联盟与创新. 北京：经济科学出版社，2007.

[7] 张炜，杨选良. 自主创新概念的讨论与界定. 科学学研究，2006，24 (6)：956-961.

[8] 中华人民共和国国务院. 国家中长期科学和技术发展规划纲要 (2006-2020 年). http：// www. gov. cn/jrzg/2006-02/09/content_ 183787. htm ［2006-2-9］.

[9] 夏亚民. 国家高新区自主创新系统研究. 武汉：武汉理工大学博士学位论文，2007.

[10] Freeman C. 技术政策与经济绩效：日本国家创新系统的经验. 张宇轩译. 南京：东南大学出版社，2008.

[11] Cooke P, Uranga M G, Etxebarria G. Regional innovation systems：institutional and organizational dimensions. Research Policy, 1997, 26 (5)：475-491.

[12] Cooke P, Schienstock G. Structural competitiveness and learning regions. Enterprise and Innovation Management Studies, 2000, 1 (3)：265-280.

[13] 杨继涛，刘则渊. 技术创新联盟与区域产业集群发展关系研究. 科技进步与对策，2011, 28 (6)：42-45.

[14] Etzkowitz H, Leydesdorff L. The dynamics of innovation：from national systems and "Mode 2" to a triple helix of university – industry – government relations. Research Policy, 2000, 29 (2)：109-123.

[15] 中华人民共和国工业和信息化部规划司. "十二五"产业技术创新规划. http：//www. miit. gov. cn/n11293472/n11293832/n11293907/n11368223/14319098. html ［2011- 11- 14］.

[16] 李建玲，李纪珍. 产业共性技术与关键技术的比较研究. 技术经济，2009, 28 (6)：11-17.

[17] Tassey G. The disaggregated technology production function：a new model of university and corporate research. Research Policy, 2005, 34 (3)：287-303.

[18] 科学技术部，财政部，教育部，等. 关于推动产业技术创新战略联盟构建的指导意见. 国科发政〔2008〕770 号，2008-12-30.

[19] 张快. 德国光伏技术创新联盟. 全球科技经济瞭望，2013, 28 (4)：31-34.

［20］孙国旺．德国支持产业技术创新联盟的做法和经验．全球科技经济瞭望，2009，
　　　24（2）：22-26.

［21］周程．日本官产学合作的技术创新联盟案例研究．中国软科学，2008，（2）：48-57.

［22］殷群，贾玲艳．中美日产业技术创新联盟三重驱动分析．中国软科学，2012，（9）：
　　　80-89.

［23］Thornberry J B. Competition and cooperation：a comparative analysis of SEMATECH and the
　　　VLSI research project. Enterprise and Society，2002，3（4）：657-686.

［24］Irwin D A, Klenow P J. High-tech R&D subsidies：estimating the effects of SEMATECH. Journal of
　　　International Economics，1996，40（3-4）：323-344.

［25］中国产业技术创新战略联盟网．2015. 中国产业技术创新战略联盟．http：//www. citisa.
　　　org/〔2015-8-9〕.

［26］Fabella R V. Generalized sharing，membership size and pareto efficiency in teams. Theory and
　　　Decision，2000，48（1）：47-60.

［27］科学技术部．关于推动产业技术创新战略联盟构建与发展的实施办法（试行）．国科发
　　　政〔2009〕648 号．

［28］李新男．创新"产学研结合"组织模式构建产业技术创新战略联盟．中国软科学，
　　　2007，（5）：9-13.

［29］邸晓燕，张赤东．产业技术创新战略联盟的性质、分类与政府支持．科技进步与对策，
　　　2011，28（9）：59-64.

［30］谢科范，赵湜，黄娟娟，等．产业技术创新战略联盟理论与实践．北京：知识产权出版
　　　社，2013.

［31］Mohr J, Spekman R. Characteristic of partnership success：partnership attributes，communication
　　　behavior，and conflict resolution techniques. Strategic Management Journal，1994，15（2）：
　　　135-152.

［32］高嵩．非对称战略联盟网络中的机会主义研究．北京：北京邮电大学博士学位论
　　　文，2009.

［33］Timothy P M, Alexa A P, John P M. Firm relationships：the dynamics of effective organization
　　　alliances. Organizational Dynamics，2011，40（2）：96-103.

［34］Das T K. Strategic alliance temporalities and partner opportunism. British Journal of Management，
　　　2006，17（1）：1-21.

［35］Cavusgil S T, Deligonul S, Zhang C. Curbing foreign distributor opportunism：an examination of
　　　trust，contracts，and the legal environment in international channel relationships. Journal of In-
　　　ternational Marketing，2004，12（2）：7-27.

［36］Dickson P H, Weaver K M, Hoy F. Opportunism in the R&D alliances of SMES：the roles of
　　　the institutional environment and SME size. Journal of Business Venturing，2006，21（4）：

487-513.

[37] Das T K, Kumar R. Regulatory focus and opportunism in the alliance development process. Journal of Management, 2011, 37 (3): 682-708.

[38] 郭焱, 张世英, 郭彬, 等. 战略联盟伙伴选择的契约机制研究. 系统工程学报, 2004, 19 (5): 477-481.

[39] 代建生. 企业联盟防共谋激励机制设计研究. 重庆: 重庆大学硕士学位论文, 2008.

[40] Williamson O E. Transaction cost economics and the carnegie connection. Journal of Economic Behavior & Organization, 1996, 31 (2): 149-155.

[41] Artz K W, Brush T H. Asset specificity, uncertainty and relational norms: an examination of coordination costs in collaborative strategic alliances. Journal of Economic Behavior & Organization, 2000, 41 (2): 337-362.

[42] 赵昌平, 葛卫华. 战略联盟中的机会主义及其防御策略. 科学学与科学技术管理, 2003, 10: 114-117.

[43] Das T K, Rahman N. Determinants of partner opportunism in strategic alliances: a conceptual framework. Journal of Business and Psychology, 2010, 25 (1): 55-74.

[44] Tripsas M, Schrader S, Sobrero M. Discouraging opportunistic behavior in collaborative R&D: a new role for government. Research Policy, 1995, 24 (3): 367-389.

[45] Gassenheimer J B, Baucus D B, Baucus M S. Cooperative arrangements among entrepreneurs: an analysis of opportunism and communication in franchise structures. Journal of Business Research, 1996, 36 (1): 67-79.

[46] 符加林. 企业声誉效应对联盟伙伴机会主义行为约束研究. 杭州: 浙江大学博士学位论文, 2007.

[47] 杨光. 高层人员的商业友谊与战略联盟的稳定性研究. 科学学与科学技术管理, 2009, 2: 197-199.

[48] 董广茂, 李垣, 廖貅武. 学习联盟中防范机会主义机制的博弈分析. 系统工程, 2006, 24 (4): 35-39.

[49] Carson S J, Madhok A, Wu T. Uncertainty, opportunism, and governance: the effects of volatility and ambiguity on formal and relational contracting. Academy of Management Journal, 2006, 49 (5): 1058-1077.

[50] 张维迎. 詹姆斯·莫里斯论文精选——非对称信息下的激励理论. 北京: 商务印书馆, 1998.

[51] 祁红梅, 黄瑞华. 动态联盟形成阶段知识产权冲突及激励对策研究. 研究与发展管理, 2004, 16 (4): 70-76.

[52] 张坚. 企业技术联盟绩效激励机制的构建. 科学学与科学技术管理, 2007, 7: 141-145.

[53] Akerlof G. The market for lemons: quality uncertainty and the market mechanism. Quarterly

Journal of Economics, 1970, 84 (3): 488-500.

[54] 张维迎. 博弈论与信息经济学. 上海: 上海人民出版社, 1996.

[55] Mason C. Strategic alliances: partnering for success. Management Review, 1993, 82 (5): 10-15.

[56] 卢少华. 动态联盟组盟阶段的激励机制研究. 运筹与管理, 2003, 6: 102-105.

[57] McAfee R, McMillan J. Optimal contracts for teams. International Economic Review, 1991, 32 (3): 561-577.

[58] 孟卫东, 周陨龙, 杨静. "盟主-成员" 型战略联盟激励机制设计. 工业工程, 2011, 14 (1): 6-10.

[59] 乌家培, 谢康, 肖静华. 信息经济学（第二版）. 北京: 高等教育出版社, 2007.

[60] Bergmann R, Friedl G. Controlling innovative projects with moral hazard and asymmetric information. Research Policy, 2008, 37 (9): 1504-1514.

[61] Khanna T. The scope of alliances. Organization Science, 1998, 9 (3): 340-355.

[62] 杨东, 谢恩, 李垣, 等. 联盟激励机制中的委托代理问题. 运筹与管理, 2006, 15 (1): 125-128.

[63] Chan S H, Kensinger J W, Keown A J, et al. Strategic alliances creative value? Journal of Financial Economics, 1997, 46 (2): 199-221.

[64] 蒋樟生. 产业技术创新联盟稳定性管理. 北京: 中国经济出版社, 2011.

[65] Radner R. Monitoring cooperative agreement in a repeated principal-agent relationship. Eonometrica, 1981, 49 (3): 1127-1148.

[66] Maura S, Andriessen E. Condition for knowledge sharing in competitive alliance. European Management Journal, 2003, 21 (5): 578-587.

[67] Hsu I C. Enhancing employee tendencies to share knowledge – case studies of nine companies in Taiwan. International Journal of Information Management, 2006, 26 (4): 326-338.

[68] 生延超. 创新投入补贴还是创新产品补贴: 技术联盟的政府策略选择. 中国管理科学, 2008, 16 (6): 184-192.

[69] Hart O, Moore J. Property rights and the nature of the firm. The Journal of Political Economy, 1990, 98 (6): 1119-1158.

[70] 孙耀吾, 陈立勇, 胡志勇. 技术标准化联盟产权激励机制: 剩余控制权配置博弈分析. 软科学, 2008, 22 (2): 4-7.

[71] Hoffmann W H, Schlosser R. Success factors of strategic alliances in small and medium-sized enterprises: an empirical survey. Long Range Planning, 2001, 34 (3): 357-381.

[72] Mody A. Learning through alliance. Journal of Economic Behavior and Organization, 1993, 20 (2): 151-170.

[73] Farrell J, Scotchmer S. Partnerships. Quarterly Journal of Economics, 1988, 103 (2): 279-297.

［74］ 马亚男．大学——企业基于知识共享的合作创新激励机制设计研究．管理工程学报，2008，22（4）：36-39．

［75］ Adam C P. Optimal team incentives with CES production. Economics Letters，2006，92（1）：143-148．

［76］ 常涛，廖建桥．促进团队知识共享的激励机制有效性研究．科学管理研究，2008，26（3）：74-78．

［77］ 张玲玲，郑秀榆，马俊，等．团队知识转移与共享"搭便车"行为的激励机制研究．科学学研究，2009，27（10）：1543-1550．

［78］ Bercovitz J E L, Feldman M P. Fishing upstream：firm innovation strategy and university research alliances. Research Policy，2007，36（7）：930-948．

［79］ Amaldoss W, Meyer R J, Raju J S, et al. Collaborating to compete. Marketing Science，2000，19（2）：105-126．

［80］ Amir R, Jin J Y, Troege M. On additive spillovers and returns to scale in R&D. International Journal of Industrial Organization，2008，26（3）：695-703．

［81］ 范波．基于投资溢出效应的集中研发联盟合作伙伴投资策略研究．科技进步与对策，2010，27（23）：1-5．

［82］ 黄波，孟卫东，李宇雨，等．不确定环境下研发联盟成员投资激励机制研究．管理工程学报，2010，24（4）：58-65．

［83］ 卢纪华，潘德惠．基于技术开发项目的虚拟企业利益分配机制研究．中国管理科学，2003，11（5）：60-63．

［84］ 孙锐，赵大丽．动态联盟知识共享的演化博弈分析．运筹与管理，2009，18（1）：92-96．

［85］ 代建生，孟卫东．团队生产中的利益分享机制研究．中国管理科学，2010，18（1）：120-127．

［86］ Itoh H. Incentives to help in multi-agent situations. Econometrica，1991，59（3）：611-636．

［87］ Holmstrom B. Moral hazard in teams. The Bell Journal of Economics，1982，13（2）：324-340．

［88］ Eswaran M, Kotwal A. The moral hazard of budget-breaking. Rand Journal of Economics，1984，15（4）：578-581．

［89］ Malcomson J. Work incentive, hierarchy and internal labour markets. Journal of Political Economy，1984，92（3）：486-507．

［90］ 吴宪华．动态联盟的分配格局研究．系统工程，2001，19（3）：34-38．

［91］ Arrow K J. The economic implications of learning by doing. The Review of Economic Studies，1962，29（3）：155-173．

［92］ Mansfield E, Beardsley G. Social and private rates of return from industrial innovations. Quarterly

Journal of Economics, 1977, 91 (2): 221-240.

[93] 曾方. 技术创新中的政府行为——理论框架和实证分析. 上海：复旦大学博士学位论文, 2003.

[94] 霍沛军, 陈继祥, 陈剑. R&D 补贴与社会次佳 R&D. 管理工程学报, 2004, 18 (2): 1-3.

[95] Pandey I M. The Process of developing venture capital in India. Technovation, 1998, 18 (4): 253-261.

[96] Jengl A, Wells P C. The determinants of venture capital funding: evidence across countries. Journal of Corporate Finance, 2000, 6 (3): 241-289.

[97] 朱平芳, 徐伟民. 政府的科技激励政策对大中型工业企业 R&D 投入及其专利产出的影响——上海市的实证研究. 经济研究, 2003, 6: 45-53.

[98] 肖迪, 郝云宏, 吴波. 政府技术采购促进技术创新的模式研究. 科技进步与对策, 2010, 27 (4): 86-89.

[99] Davsten G, Kok G, Vaandrager M. Greating Win-win Situation: Partner Selection in Strategic Technology Alliance. Avila: Technology Strategy And Strategic Alliance, Proceedings R&D Management Conference, 1998.

[100] Lach S. Do R&D subsides stimulate or displace private R&D, evidence from Israel. The Jourrml of Industrial Economics, 2002, 50 (4): 369-390.

[101] Bloom N. Uncertainty and the dynamics of R&D. American Economic Review, 2007, 97 (2): 250-255.

[102] Frohman L A. Building a culture for innovation. Research Technology Management, 1998, 41 (4): 9-12.

[103] 刘和东. 产学研合作中的机会主义行为及其治理. 科技管理研究, 2009, 4: 23-25.

[104] 胡冬云. 产业技术创新联盟中的政府行为研究：以美国 SEMATECH 为例. 科技管理研究, 2010, 18: 21-24.

[105] 邢乐斌, 王旭. 基于合作溢出的机会主义行为演化博弈分析. 管理工程学报, 2011, 25 (3): 68-72.

[106] Luukkonen T. The difficulties in assessing the impact of EU framework programme. Research Policy, 1998, 27 (6): 599-610.

[107] 刘楠, 杜跃平. 政府补贴方式选择对企业研发创新的激励效应研究. 科技进步与对策, 2005, 22 (11): 18-19.

[108] Tommy H C. Do subsidies have positive impacts on R&D and innovation activities at the firm level? Structural Change and Economic Dynamics, 2009, 20 (4): 239-253.

[109] Wallsten S J. The effects of government-industry R&D programs on private R&D: the case of the small business innovation research program. 2000, 31 (1): 82-100.

[110] 安同良，周绍东，皮建. R&D 补贴对中国企业自主创新的激励效应. 经济研究，2009，10：87-98.

[111] 谢伟，胡玮，夏绍模. 中国高新技术产业研发效率及其影响因素分析. 科学学与科学技术管理，2008，3：144-149.

[112] Hall B. R&D tax policy during the 1980s: successor failure. Tax Policy and the Economy, 1993, 6: 1-35.

[113] Marceau J. Divining directions for development: a cooperative industry- government- public sector research approach to establishing R&D priorities. R&D Management, 2002, 32 (3): 209-221.

[114] Petra M. How do patent laws influence innovation? American Economic Review, 2005, 95 (4): 1214-1236.

[115] Lerner J. Patent protection and innovation over 150 years. American Economic Review, 2002, 92 (2): 211-225.

[116] 文家春，朱雪忠. 政府资助专利费用对我国技术创新的影响机理研究. 科学学研究，2009, 27 (5): 686-691.

[117] 孟卫军，张子健. 供应链企业间产品创新合作下的政府补贴策略. 系统工程学报，2010, 25 (3): 359-364.

[118] 张春辉，陈继祥. 两种创新补贴对创新模式选择影响的比较分析. 科研管理，2011, 32 (8): 9-16.

[119] 李煜华，王月明. 政府行为对战略性新兴产业技术创新联盟的激励效应研究. 科技与管理，2014, 16 (2): 5-9.

[120] Nash J F. The bargaining problem. Econometrica, 1950, 18 (2): 155-162.

[121] Nash J. Two person cooperative games. Econometrica, 1953, 21 (1): 128-140.

[122] Kalai E, Smorodinsky M. Other solutions to Nash's bargaining problem. Econometrica, 1975, 43 (3): 513-518.

[123] Aumann R J, Kurz M. Power and taxes. Econometrica, 1977, 45 (5): 1137-1161.

[124] Svejnar J. On the theory of a participatory firm. Journal of Economic Theory, 1982, 27 (2): 313-330.

[125] Svejnar J. Bargaining power, fear of disagreement and wage settlements: theory and evidence from US industry. Econometrica, 1986, 54 (5): 1055-1078.

[126] Allen F. Repeated principal-agent relationships with lending and borrowing. Economic Letters, 1985, 17 (1-2): 27-31.

[127] Fama E F. Agency problems and the theory of the firm. Journal of Political Economy, 1980, 88 (2): 288-307.

[128] Lazear E P, Rosen S. Rank-order tournaments as optimum labor contracts. Journal of Political

Economy, 1981, 89 (5): 841-864.

[129] Alchian A A, Demsetz H. Production, information costs, and economic organization. The American Economic Review, 1972, 62 (5): 777-795.

[130] Reid F J M, Malinek V, Stott C J T, et al. The messaging threshold in computer - mediated communication. Ergonomics, 1996, 39 (8): 1017-1037.

[131] Barron J M, Gjerde K P. Peer pressure in an agency relationship. Journal of Labor Economics, 1997, 15 (2): 234-254.

[132] Miller N H. Efficiency in partnerships with joint monitoring. Journal of Economic Theory, 1997, 77 (2): 285-299.

[133] Che Y K, Yoo S W. Optimal incentives for teams. Working Papers, 2001, 91 (3): 525-541.

[134] 田国强. 激励、信息与经济机制. 北京: 北京大学出版社, 2000.

[135] 陈志俊, 邹恒甫. 防范串谋的激励机制设计理论研究. 经济学动态, 2002, 10: 52-58.

[136] Holmstrom B. Managerial incentive problems: a dynamic perspective. Review of Economic Studies, 1999, 66 (1): 169-182.

[137] 戚安邦, 张连营. 项目管理概论. 北京: 清华大学出版社, 2008.

[138] 熊彼特. 经济发展理论. 孔伟艳, 朱攀峰等译. 北京: 北京出版社, 2008.

[139] 吴贵生, 王毅. 技术创新管理. 北京: 清华大学出版社, 2009.

[140] Hennart J F. Dacin M T, Upstream vertical integration in the aluminum and tin industries: a comparative study of the choice between market and intrafirm coordination. Journal of Economic Behavior & Organization, 1988, 9 (3): 281-299.

[141] 吴林源, 张林格. 网络环境下企业组织成因及运行模式探讨. 数量经济技术经济研究, 2003, 20 (9): 152-154.

[142] Teece D J. Competition, cooperation, and innovation: organizational arrangements for regimes of rapid technological progress. Journal of Economic Behavior & Organization, 1992, 18 (1): 1-25.

[143] 吉野, 朗甘. 战略联盟: 企业通向全球化的捷径. 雷涯邻, 张龙等译. 北京: 商务印书馆, 2007.

[144] 于忠阳. 论技术创新与组织创新的自组织. 现代哲学, 2001, 65 (3): 115-118.

[145] Rothaermel F T, Deeds D L. Alliance type, alliance experience and alliance management capability in high- technology ventures. Journal of Business Venturing, 2006, 21 (4): 429-460.

[146] Cyert R M, Goodman P S. Creating effective university industry alliances: an organizational learning perspective. Organizational Dynamics, 1997, 25 (4): 45-57.

[147] 杨晓玲. 企业成长为技术创新主体与经济的持续增长. 南开学报 (哲学社会科学版),

2002，6：52-57.

［148］娄伟，李萌．我国科技人才创新能力的政策激励．科学学与科学技术管理，2006，11：135-141.

［149］Zhao M X. Dynamics of a market share model for enterprises with coopetition strategy. Discrete Dynamics in Nature and Society，2013，10：1-7.

［150］陈劲，景劲松，童亮．复杂产品系统创新项目风险因素实证研究．研究与发展管理，2005，17（6）：62-69.

［151］Girotra K，Terwiesch C，Ulrich K T. Valuing R&D projects in a portfolio：evidence from the pharmaceutical industry. Management Science，2007，53（9）：1452-1466.

［152］Baker E，Adu-Bonnah K. Investment in risky R&D programs in the face of climate uncertainty. Energy Economics，2006，30（2）：465-486.

［153］Zhao M X，Li C H. Motivation mechanism prevents adverse selection in industrial technology innovation strategic alliance. Discrete Dynamics in Nature and Society，2014，7：1-8.

［154］赵明霞，李常洪．产业技术创新联盟防"道德风险"激励机制设计．经济问题，2015，5：79-83.

［155］孟卫东，代建生，熊维勤，等．基于纳什谈判的供应商——销售商联合促销线性合约设计．系统工程理论与实践，2013，33（4）：870-877.

［156］张海莹，戴卫华，李国平．区域战略产业选择研究．科技进步与对策，2011，28（2）：69-73.

［157］房汉廷，金延新，屈宏．中国战略性技术及其产业化的七大问题．中国工业经济，2003，183（6）：5-11.

［158］Solow R M. A contribution to the theory of economic growth. Quarterly Journal Economics，1956，70（1）：65-94.

［159］Lucas R E. On the mechanics of economic development. Journal of Monetary Economic Review，1988，22（1）：3-42.

［160］Romer P M. Endogenous technological change. Journal of Political Economy，1990，98（5）：71-102.

［161］Bator F M. The anatomy of market failure. The Quarterly Journal of Economics，1958，72（3）：351-379.

［162］高广文．国际产业技术创新联盟的发展及启示．科技发展研究，2008，12：1-8.

［163］周静．产业技术创新战略联盟组织形式的法律解读．研究生法学，2009，24（4），121-126.

［164］王越，费艳颖，刘琳琳．产业技术创新联盟组织模式研究——以高端装备制造业为例．科技进步与对策，2011，28（24）：70-73.

［165］曹兴，柴张琦．技术扩散的过程与模型：一个文献综述．中南大学学报（社会科学

版），2013，19（4）：14-22.

［166］国务院办公厅．关于加快煤层气（煤矿瓦斯）抽采利用的若干意见．国办发〔2006〕
47 号．

［167］国家发展和改革委员会，国家能源局．煤层气（煤矿瓦斯）开发利用"十二五"规
划．发改能源〔2011〕3041 号．

［168］国务院办公厅．关于进一步加快煤层气（煤矿瓦斯）抽采利用的意见．国办发〔2013〕
93 号．

［169］山西省人民政府．关于加快推进煤层气产业发展的若干意见．晋政发〔2013〕31 号．